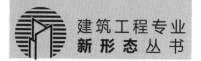

建筑工程专业
新形态丛书

建设工程
资料管理

李建华　丁 斌　主编

刘忠洪　倪定宇　郑小飞　副主编

化学工业出版社

·北京·

内容简介

本书以建设工程资料管理应知应会内容为主线，全面系统地介绍了建设工程资料的分类、内容、收集、填写、编制、管理方法及应用。本书分为7个项目：资料管理通识、建设单位资料、监理单位资料、安全资料管理、施工单位资料、智慧建造数字化技术、综合实训。本书采用理实一体、讲练结合的形式编写，以熟悉建设工程资料管理通用知识为前提，以掌握实用够用的知识技能为基础，利用任务模块搭设进步阶梯，循序渐进地组织开展项目化教学活动。

本书既可作为大中专院校建筑工程专业通用教材，也可作为建筑企业的培训教材。

图书在版编目（CIP）数据

建设工程资料管理 / 李建华，丁斌主编．—北京：化学工业出版社，2022.9
（建筑工程专业新形态丛书）
ISBN 978-7-122-41525-7

Ⅰ.①建… Ⅱ.①李… ②丁… Ⅲ.①建筑工程-技术档案-档案管理-高等职业教育-教材 Ⅳ.①G275.3

中国版本图书馆CIP数据核字（2022）第091815号

责任编辑：徐　娟　　　　　　　　　　　　文字编辑：冯国庆
责任校对：边　涛　　　　　　　　　　　　装帧设计：王晓宇

出版发行：化学工业出版社（北京市东城区青年湖南街13号　邮政编码100011）
印　　装：中煤（北京）印务有限公司
787mm×1092mm　1/16　印张14¼　字数334千字　2022年9月北京第1版第1次印刷

购书咨询：010-64518888　　　　　　　　　售后服务：010-64518899
网　　址：http://www.cip.com.cn
凡购买本书，如有缺损质量问题，本社销售中心负责调换。

定　价：88.00元　　　　　　　　　　　　　　　　　　　　　　版权所有　违者必究

丛书编委会名单

丛书主编：卓　菁

丛书主审：卢声亮

编委会成员（按姓氏汉语拼音排序）：
　　　　　丁　斌　方力炜　黄泓萍　李建华
　　　　　刘晓霞　刘跃伟　卢明真　彭雯霏
　　　　　陶　莉　吴庆令　臧　朋　赵　志

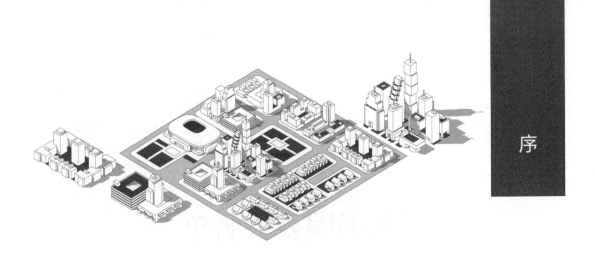

序

百年大计，教育为本；教育大计，教材为基。教材是教学活动的核心载体，教材建设是直接关系到"培养什么人""怎样培养人""为谁培养人"的铸魂工程。建筑工程专业新形态丛书紧跟建筑产业升级、技术进步和学科发展变化的要求，以立德树人为根本任务，以工作过程为导向，以企业真实项目为载体，以培养建设工程生产、建设、管理和服务一线所需要的高素质技术技能人才为目标。依托国家教学资源库、MOOC 等在线开放课程、虚拟仿真资源等数字化教学资源同步开发和建设，数字资源包括教学案例、教学视频、动画、试题库、虚拟仿真系统等。

建筑工程专业新形态丛书共 8 册，分别为《建筑施工组织与项目管理》（主编刘跃伟）、《建筑制图与 CAD》（主编卢明真、彭雯霏）、《Revit 建筑建模基础与实战》（主编赵志）、《建设工程资料管理》（主编李建华、丁斌）、《建筑材料》（主编吴庆令、黄泓萍）、《结构施工图识读与实战》（主编陶莉）、《平法钢筋算量（基于 16G 平法图集）》（主编臧朋）、《安装工程计量与计价》（主编刘晓霞、方力炜）。本丛书的编写具备以下特色。

1. 坚持以习近平新时代中国特色社会主义思想为指导，牢记"三个地"的政治使命和责任担当，对标建设"重要窗口"的新目标新定位，按照"把牢方向、服务大局，整体设计、突出重点，立足当下、着眼未来"的原则整体规划，切实发挥教材铸魂育人的功能。

2. 对接国家职业标准，反映我国建筑产业升级、技术进步和学科发展变化要求，以提高综合职业能力为目标，以就业为导向，理论知识以"必需"和"够用"为原则，注重职业岗位能力和职业素养的培养。

3. 融入"互联网+"思维，将纸质资源与数字资源有机结合，通过扫描二维码，为读者提供文字、图片、音频、视频等丰富学习资源，既方便读者随时随地学习，也确保教学资源的动态更新。

4. 校企合作共同开发。本丛书由企业工程技术人员、学校一线教师共同完成，教师到一线收集企业鲜活的案例资料，并与企业技术专家进行深入探讨，确保教材的实用性、先进性并能反映生产过程的实际技术水平。

为确保本丛书顺利出版，我们在一年前就积极主动联系了化学工业出版社，我们学术团队多次特别邀请了出版社的编辑线上指导本丛书的编写事宜，并最终敲定了部分图书选择活页式形式，部分图书选择四色印刷。在此特别感谢化学工业出版社给予我们团队的大力支持与帮助。

我作为本丛书的丛书主编深知责任重大，所以我直接参与了每一本书的编撰工作，认真地进行了校稿工作。在编写过程中以丛书主编的身份多次召集所有编者召开专业撰写书稿推进会，包括体例设计、章节安排、资源建设、思政融入等多方面工作。另外，卢声亮博士作为本系列丛书的主审，也对每本书的目录、内容进行了审核。

虽然在编写中所有编者都非常认真地多次修正书稿，但书中难免还存在一些不足之处，恳请广大的读者提出宝贵的意见，便于我们再版时进一步改进。

温州职业技术学院教授　卓菁

2021 年 5 月 31 日　于温州职业技术学院

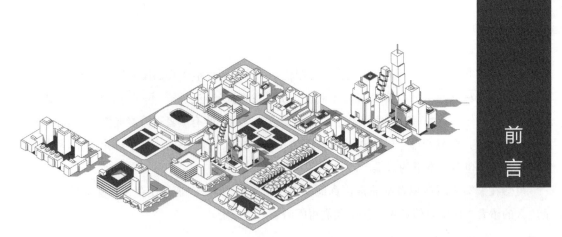

前言

为适应建设信息管理行业发展，根据建筑与市政工程施工现场专业人员职业标准，培养高素质建设工程管理技术人才需求编写本书。本书分为资料管理通识、建设单位资料、监理单位资料、安全资料管理（AQ类）、施工单位资料、智慧建造数字化技术——以桩基工程灌注桩为例、综合实训七个项目，具有项目多元、任务具体、目标明确、理念先进、评价科学等特点。本书以熟悉建设资料管理通用知识为前提，以掌握实用、够用的知识技能为基础，利用任务模块搭设进步阶梯，循序渐进地组织开展项目化教学活动。书中项目安排科学、系统，任务设计则以独立性、针对性、实用性为主，利用工作流程图诠释工作程序，明确资料的内在联系和形成时间，培养学生科学、规范、系统的建设资料管理意识和技能。

本书采用活页形式，这样随着资料管理探究式学习的开展，学生可自主灵活地管理资料活页卡，增强经验沉淀积累成就感，同时可以督促学生及时总结、促进理论提升。另外，秉持绿色发展理念，基于建设资料信息量大、内容多的特点，书中配有丰富的数字化辅助教学资源。辅助教学资源涉及业内现行资料管理规范、建筑工程质量验收统一标准、政策导向、要点讲解、素质拓展以及职业道德、工匠精神案例资源库等。

本书将素质评价方案纳入编写范围，致力于提出教学设计与组织要求，提高教学评价质量。为了拓展本书的使用功能，对照资料员职业标准设置综合素质评价体系和评价表，引导师生及时发现问题，查漏补缺；重视错误分析与经验总结，以评促学，提升教学质量与业务水平。

本书由李建华、丁斌主编，刘忠洪、倪定宇、郑小飞任副主编，参编人员还有郑许冬、徐微微、张弛、卢声亮、卓菁、吴庆令、郑敬云、刘跃伟、张婷婷、高世虎、陶莉、兰茗、王承翼、林永静、李富华、李建英、杨洁、卢明真、翟江、贺孟阳，系统维护负责人有郑许冬等，参编单位有温州开晨科技有限公司、三箭工程建设集团有限公司。感谢在本书的编写过程中，各企业单位的大力支持和帮助！

书中数字化教学部分对接于温州市建设工程主管部门建设推广的智慧建造数字化管理平台，读者可以通过试用账号，直接体验政府质量监督部门管理资料验收和资料归档过程，体验政府建设资料数字化管理新模式。欢迎读者积极参与项目实践使用体验，及时反馈并提出改进建议，共同探索，走出一条政校行企联合培养的新型教育模式。书中内容为工程建设资料相关岗位群提供了适应产业需求导向的业务指导和实训项目支持，既可以作为上岗培训教材，也可以供相关人员工作参考使用。本书也适用于翻转课堂、理实一体化等新形式课程。书中不足之处，敬请批评指正，诚挚欢迎您提出宝贵建议。

编者

2022年3月

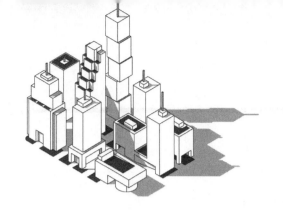

目录 CONTENTS

项目1 资料管理通识 ━━━━━━━━━━━━━━━━━ 001

　　任务1.1　建筑工程资料的验收要求　/002
　　任务1.2　项目管理资料　/006
　　任务1.3　五方责任主体　/011
　　任务1.4　资料员职业道德素养　/014

项目2 建设单位资料 ━━━━━━━━━━━━━━━━━ 017

　　任务2.1　工程准备阶段文件（A类）　/018
　　任务2.2　办理施工许可证　/028

项目3 监理单位资料 ━━━━━━━━━━━━━━━━━ 031

　　任务3.1　监理资料管理　/032
　　任务3.2　监理用表与示例（B类）　/042

项目4 安全资料管理（AQ类）━━━━━━━━━━━━━━ 050

　　任务4.1　安全资料管理概述和分类　/051
　　任务4.2　建设单位的安全资料内容及要求（AQ-A类）　/055
　　任务4.3　监理单位施工现场安全资料内容及要求（AQ-B类）　/060
　　任务4.4　施工单位安全台账资料内容及要求　/064

项目5 施工单位资料 —————————————————————— 073

任务5.1　编制施工资料管理计划　/074

任务5.2　施工现场台账和立卷　/076

任务5.3　执行施工资料管理计划（C类）　/077

项目6 智慧建造数字化技术——以桩基工程灌注桩为例 —————— 105

任务6.1　数字化智慧工地系统　/106

任务6.2　施工总包、分包管理　/113

任务6.3　灌注桩施工计划管理　/117

任务6.4　桩机进场管理　/135

项目7 综合实训 ————————————————————————— 143

任务7.1　编写《建设工程文件归档规范》的学习导图　/144

任务7.2　填写施工现场质量管理检查记录　/144

任务7.3　编写施工资料明细表　/146

任务7.4　标注建设单位管理资料存档要求　/147

任务7.5　填写建筑工程施工许可申请表　/149

任务7.6　编写监理规划　/150

任务7.7　编写监理细则　/151

任务7.8　编写监理月报　/153

任务7.9　编写监理总结　/155

任务7.10　编写监理旁站方案和记录　/156

任务7.11　编写监理评估报告　/157

任务7.12　填写监理日记　/157

任务7.13　拍摄监理工作情境视频　/159

任务7.14　编写监理台账资料　/168

任务7.15　编写监理安全档案分类和编号　/170

任务7.16　编写安全管理台账汇总表　/171

任务7.17　编写申报标化工地申报资料　/172

任务7.18　编写工地常用台账资料　/177

任务7.19　编写分包单位资格审批台账　/179

任务7.20　填写工程技术文件报审表　/180

任务7.21　管理建设准备阶段资料　/185

任务7.22　管理开工报审资料　/186

任务7.23　管理物资资料　/192

任务7.24　管理测量资料　/193

任务7.25　管理分部工程质量控制、验收资料　/196

任务7.26　综合管理施工资料档案　/201

任务7.27　综合管理监理资料　/207

任务7.28　建设单位信息数字化管理　/208

任务7.29　施工单位信息数字化管理　/209

任务7.30　讨论桩标号、桩编号、桩号的关系　/211

任务7.31　填写桩标号、桩编号、桩号的信息　/211

参考文献

二维码资源目录

项目	任务	二维码资源名称
项目1 资料管理通识		项目1自测题
	任务1.1 建筑工程资料的验收要求	《建设工程文件归档规范》（GB/T 50328—2019）
		《建筑工程施工质量验收统一标准》（GB 50300—2013）
	任务1.2 项目管理资料	安管人员的安全生产管理规定
	任务1.3 五方责任主体	建筑工程五方责任主体项目负责人质量终身责任追究暂行办法
项目2 建设单位资料		项目2自测题
	任务2.1 工程准备阶段文件（A类）	建设项目立项的流程
		如何获得建设用地使用权
		浙江省图纸数字化管理现状
		施工合同与招投标文件的关系
		明确开工日期避免纠纷
		估算、概算、预算、结算、决算的关系
	任务2.2 办理施工许可证	建筑工程施工许可管理办法（2019）
		不需要办理施工许可证的建设工程
项目3 监理单位资料		项目3自测题
	任务3.1 监理资料管理	《中华人民共和国建筑法》（2019年修订版）监理部分
		建筑市场监管"四库一平台"
		数字"监管"推进工程质量管理智慧升级
		工程质量管理标准化的内涵
	任务3.2 监理用表与示例（B类）	保证工程质量的管理措施
		监理旁站的要求、范围、职责
		混凝土工程旁站监理的检查要点
		监理巡视的要求、范围、职责
		监理平行检验的要求、范围、职责
		工程监理平行检验台账
		监理人员的监理内容与签字
		施工现场管理表格案例

续表

项目	任务	二维码资源名称
项目4 安全资料管理（AQ类） 项目4自测题		项目4自测题
	任务4.1 安全资料管理概述和分类	危大工程安全管理的相关规定
		建设工程施工现场安全资料管理规程参考资料
	任务4.2 建设单位的安全资料内容及要求（AQ-A类）	安全生产管理责任制（音频）
		建设单位现场安全资料要求和内容（音频）
		安全生产备案表内容（音频）
		建设单位的安全资料（微课视频）
		安全生产文明施工标准化管理案例
	任务4.3 监理单位施工现场安全资料内容及要求（AQ-B类）	监理安全资料主要分类（微课视频）
		监理单位安全管理工作内容（微课视频）
		监理单位安全管理资料的要求（音频）
	任务4.4 施工单位安全台账资料内容及要求	安全保证体系报审表
		建筑工程全过程安全资料管理台账
		安全检查评分汇总表（微课视频）
		安全管理检查评分表（微课视频）
		《建筑施工安全检查标准》（JGJ 59—2011）
项目5 施工单位资料	任务5.3 执行施工资料管理计划（C类）	施工资料内容提要（音频）
		工程概况表填写指导（音频）
		施工技术文件填写指导（音频）
		工程开工报审表填写指导（音频）
		施工物资资料填写指导（音频）
		隐蔽工程验收记录填写指导（音频）
		砂浆配合比申请单填写指导（音频）
		检验批质量验收记录填写指导（音频）
		竣工验收资料填写指导（音频）
项目6 智慧建造数字化技术——以桩基工程灌注桩为例	任务6.1 数字化智慧工地系统	数字化智慧工地系统登录界面（微课视频）
		建设单位登录演示（微课视频）
		项目经理登录演示（微课视频）
	任务6.2 施工总包、分包管理	设置分包单位信息（微课视频）

续表

项目	任务	二维码资源名称
项目6 智慧建造数字化技术——以桩基工程灌注桩为例	任务6.3 灌注桩施工计划管理	设置施工员信息1（微课视频）
		设置施工员信息2（微课视频）
		编写桩施工计划（微课视频）
		某项目整体桩位布置案例图纸
项目7 综合实训	任务7.1 编写《建设工程文件归档规范》的学习导图	某项目建筑案例施工图纸
		某项目结构案例施工图纸
	任务7.25 管理分部工程质量控制、验收资料	建筑工程质量控制和验收程序
		屋面工程资料填写一套案例
	任务7.26 综合管理施工资料档案	某工程申报奖杯工程资料案例
	任务7.31 综合管理监理资料	资料管理职业素养测试题
		综合素质评价表

项目 1

资料管理通识

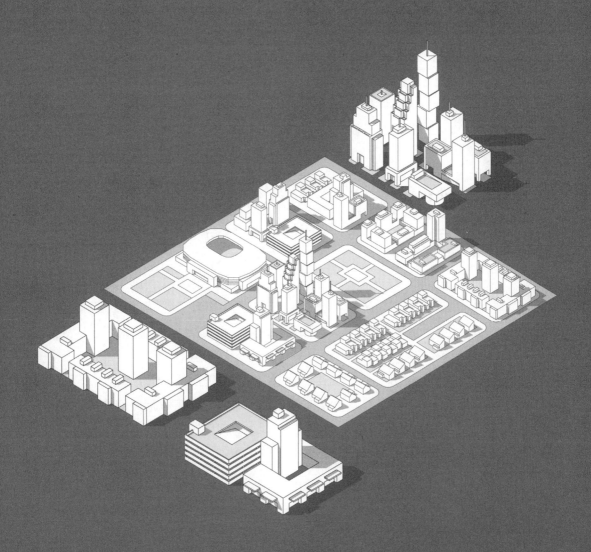

资源管理通识见图 1-1。

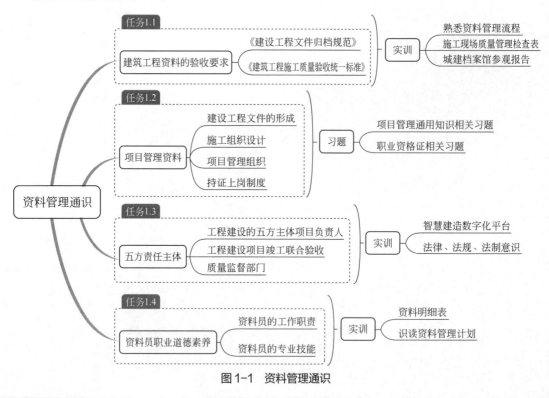

图 1-1 资料管理通识

任务1.1

建筑工程资料的验收要求

知识目标： 1. 掌握施工现场质量管理检查记录表填写方式及内容

2. 掌握工程质量验收划分及代号索引

能力目标： 1. 能指出建筑工程施工质量验收项目及验收人

2. 能指出建筑工程施工质量验收的分部工程、分项工程、检验批名称及编号

素质目标： 1. 工程资料不符合标准规定，则判定该项工程不合格

2. 树立正确的工作价值观

课前准备： 1. 参观建设工程相关单位资料办公室，做参观报告

2. 参观城建档案馆，做参观报告

3. 搜集某地城建档案馆建设文件的竣工验收文件的收录目录

建设工程项目在建设过程中会形成很多与建设相关的文件资料，有保存价值的文件需要根据国家相关法律法规验收归档。建设单位办理该项目的竣工验收手续时，需要通过城建档案馆预验收、验收程序，获得验收合格的证明文件。建设工程档案的验收已纳入建设工程竣工联合验收环节。任何一项工程，如果工程资料不符合标准规定，则判定该项工程不合格，对工程质量具有否决权。建设单位应在合同中约定要求监理单位、施工单位以及物资设备等相关单位必须重视并向建设单位提供合格的质量证明文件和施工过程文件，以满足建筑工程资料的检查和验收要求。

目前，我国建筑工程资料的验收依据主要是《建设工程文件归档规范》[GB/T 50328—2014（2019版）]、《建筑工程施工质量验收统一标准》（GB 50300—2013）、建筑工程专业相关施工质量验收规范和当地主管部门的规定要求。

1.1.1 《建设工程文件归档规范》

本规范规定了归档文件的统一验收标准及其质量要求、建筑工程文件归档范围、工程立卷、归档、验收、移交。主要要求包括：归档整理范围；档案盒、封皮、目录等验收移交的格式（图1-2）。

《建设工程文件归档规范》
（GB/T 50328—2019）

图1-2 归档文件盒样式

在工程建设过程中会形成各种形式的信息记录，包括工程准备阶段文件、监理文件、施工文件、竣工图和竣工验收文件，称为建设工程文件，简称工程文件。在工程建设活动中直接形成的具有归档保存价值的文字、图纸、图表、声像、电子文件等各种形式的历史记录，称为建设工程档案，简称工程档案。对与工程建设有关的重要活动、记载工程建设主要过程和现状、具有保存价值的各种载体的文件，均应收集齐全，整理立卷后归档。对列入城建档案管理机构接收范围的工程，工程竣工验收备案前，应向当地城建档案管理机构移交一套符合规定的工程档案。不属于归档范围、没有保存价值的工程文件，文件形成单位可自行组织销毁。

1.1.2 《建筑工程施工质量验收统一标准》

《建筑工程施工质量验收统一标准》主要规定了施工质量验收的前提条件，验收人员要求，验收形成哪些文件。验收应按照规定的程序进行，每一个验收环节都应有对应的验收人并形成验收资料文件。相关人员有

《建筑工程施工质量验收统一标准》
（GB 50300—2013）

责任组织、参加验收工作，并在验收资料上签字确认（表1-1）。

表1-1 质量验收项目及主要工作人员

序号	验收项目	组织者	参加人
1	检验批	专业监理工程师	施工单位项目专业质量检查员、专业工长
2	分项工程	专业监理工程师	施工单位项目专业技术负责人
3	地基与基础分部工程	总监理工程师	施工单位项目负责人和项目技术负责人；勘察、设计单位项目负责人和施工单位技术、质量部门负责人
4	主体结构、节能分部工程	总监理工程师	施工单位项目负责人和项目技术负责人；设计单位项目负责人和施工单位技术、质量部门负责人
5	其他分部工程	总监理工程师	施工单位项目负责人和项目技术负责人
6	分包工程	分包单位自检	总包参加；其他程序同上
7	单位工程预验收	总监理工程师	施工单位自检；各专业监理工程师参加预验收
8	单位工程验收	建设单位项目负责人	监理、施工、设计、勘察等单位项目负责人

建筑工程质量控制和验收一般按照单位工程、分部工程、分项工程、检验批进行，如表1-2所示。检验批是指施工过程中条件相同并有一定数量的材料、构配件或安装项目，由于其质量水平基本一致，因此可以作为检验批的基本单位，按检验批验收。检验批是工程验收的最小单位，多层及高层建筑的分项工程可按楼层或施工段来划分检验批，单层建筑的分项工程可按变形缝划分检验批；地基基础的分项工程一般划分为一个检验批，有地下室的基础工程可按不同地下层划分检验批；屋面工程的分项工程中可按不同楼层屋面划分为不同的检验批；其他分部工程中的分项工程，一般按楼层划分为检验批；对于工程量较少的分项工程，可划分为一个检验批。质量验收统一标准需要和相关专业验收规范配合执行。

表1-2 建筑工程的分部工程、分项工程、检验批名称编号（部分摘录）

序号	分部工程	子分部工程	分项工程	检验批名称	编号
1	地基与基础	地基（01）	素土、灰土地基（01）	素土、灰土地基检验批质量验收记录	01010101
			砂和砂石地基（02）	砂和砂石地基检验批质量验收记录	01010201
		基础（02）	无筋扩展基础（01）	砖砌体检验批质量验收记录	01020101
			钢筋混凝土扩展基（02）	模板安装检验批质量验收记录	01020201
				钢筋材料检验批质量验收记求	01020202
				钢筋加工检验批质量验收记录	01020203
				钢筋连接检验批质量验收记录	01020204
				钢筋安装检验批质量验收记录	01020205
				混凝土原材料检验批质量验收记录	01020206
				混凝土拌和物检验批质量验收记录	01020207
				混凝土施工检验批质量验收记录	01020208
				现浇结构外观质量、位置和尺寸偏差检验批质量验收记录	01020209

续表

序号	分部工程	子分部工程	分项工程	检验批名称	编号
1	地基与基础	基础（02）	钢筋混凝土扩展基（02）	混凝土设备基础外观质量、位置和尺寸偏差检验批质量验收记录	01020210
				砖砌体检验批质量验收记录	01020211
				混凝土小型空心砌块砌体检验批质量验收记录	01020212
				石砌体检验批质量验收记录	01020213
				配筋砌体检验批质量验收记录	01020214
				填充墙砌体检验批质量验收记录	01020215
2	主体结构	混凝土结构（01）	模板（01）	模板安装检验批质量验收记录	02010101
			钢筋（02）	钢筋材料检验批质量验收记录	02010201
				钢筋加工检验批质量验收记录	02010202
				钢筋连接检验批质量验收记录	02010203
				钢筋安装检验批质量验收记录	02010204
			混凝土（03）	混凝土原材料检验批质量验收记录	02010301
				混凝土拌和物检验批质量验收记录	02010302
				混凝土施工检验批质量验收记录	02010303
			预应力（04）	预应力材料检验批质量验收记录	02010401
				预应力制作与安装检验批质量验收记录	02010402
				预应力张拉与放张检验批质量验收记录	02010403
				预应力灌浆与封锚检验批质量验收记录	02010404
			现浇结构（05）	现浇结构外观质量、位置和尺寸偏差检验批质量验收记录	02010501
				混凝土设备基础外观质量、位置和尺寸偏差检验批质量验收记录	02010502

注：根据《建筑工程资料管理规程》（JGJ/T 185—2009）规定，表中资料应编号立卷归档，编号规定详见本书项目 5 施工单位资料的任务 5.2 内容。

提交的城建档案归档资料应该是完整系统的。建设工程归档资料分为五类，见表1-3。

表1-3 建设工程归档资料类别

资料类别	资料类别编号	按形成时间顺序编号
工程准备阶段文件	A类	顺序号
监理文件	B类	顺序号
施工文件	C类	顺序号
竣工图	D类	顺序号
工程竣工验收文件	E类	顺序号

任务1.2 项目管理资料

知识目标：
1. 掌握建筑工程项目准备阶段资料形成流程
2. 掌握建筑工程项目质量控制资料形成流程
3. 掌握施工组织设计组织、编写、签字、审查、审批签字要求
4. 掌握项目管理机构及主要岗位责任

能力目标：
1. 具备建筑工程施工质量验收的分部工程、分项工程、检验批名称及编号的能力
2. 能指出建筑工程施工质量验收项目及验收人

素质目标：
1. 我国建设行业全面推行持证上岗制度
2. 树立专业人员应具有专业岗位证书的思想

课前准备：
1. 模拟施工组织审批流程，进而熟悉工作岗位分工
2. 参观某建设单位，讨论分析项目管理机构

1.2.1 建设工程文件的形成

建设工程文件是在工程建设过程中形成的各种形式的信息记录的文件。建设、勘察、设计、施工、监理等单位应将工程文件的形成和积累纳入工程建设管理的各个环节及有关人员的职责范围（图1-3和图1-4）。

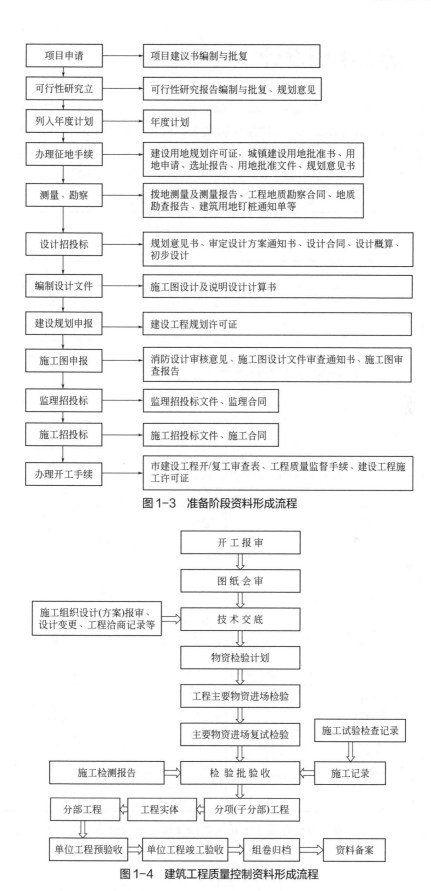

图1-3 准备阶段资料形成流程

图1-4 建筑工程质量控制资料形成流程

1.2.2 施工组织设计

施工组织设计是工程建设和指导工程施工的重要文件。施工组织设计明确了工程的施工方案、施工顺序、劳动组织措施、施工进度计划及设备、机具、资源的使用计划。施工资料伴随施工进展逐渐积累丰富。因此,熟悉施工组织设计、立体地了解工程管理思想、理解各种资料产生的源头原因和工艺流程是做好施工资料管理岗位的重要前提(表1-4)。

表1-4 施工组织设计编写与填写要求

分类	编写	审批	说明
施工组织设计			
施工组织设计	项目负责人主持编制		分期分批或总包单位变化情况以及特殊情况可以分阶段编制
施工组织总设计		总承包单位技术负责人	
单位工程施工组织设计或较大规模的分部(分项)专项工程施工方案	施工总承包单位组织编制	施工单位技术负责人或技术负责人授权的技术员	
施工方案(也称分部分项工程作业设计或称分部分项施工组织设计)		项目技术负责人	
重点、难点分部(分项)专项工程施工方案	施工单位技术部门组织编写	施工单位技术部门组织相关专家评审	施工单位技术负责人批准
具有一定规模的重点、难点分部(分项)工程		相关论证	根据项目特点和政府部门规定
安全专项施工方案			
安全专项施工方案,包括:基坑支护及降水工程;土方开挖工程;模板工程;起重吊装工程;脚手架工程;拆除爆破工程;国务院行政主管部门或相关单位规定的其他危险性较大的工程	施工总承包单位组织编制;需要附安全验算结果	施工单位技术负责人和总监理工程师签字	《建设工程安全生产管理条例》(国务院第393号令)
安全专项施工方案中超过一定规模的危险性较大的分部分项工程		专家论证,专家人数不少于5人	施工单位技术负责人和总监理工程师签字
安全专项施工方案中的起重机械安装拆卸过程、深基坑工程、附着式升降机脚手架等专业分包的专项的方案	可由专业承包单位编制	总承包单位技术负责人及相关单位技术负责人签字	

请查阅住房和城乡建设部办公厅关于实施《危险性较大的分部分项工程安全管理规定》的文件。

1.2.3 项目管理组织

建设工程项目管理是指运用科学管理的理论和方法，对建设工程项目进行计划、组织、实施、协调、控制管理等的一系列活动。图1-5是项目管理机构的主要任务和管理过程。

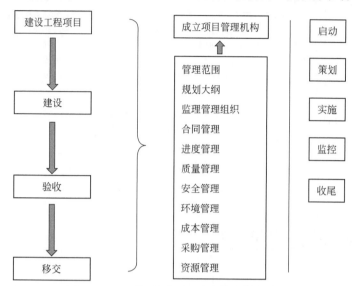

图1-5 项目管理机构的主要任务和管理过程

本书中的项目管理机构（组织）一般是指由建设单位、监理单位或项目管理公司成立的针对某一个项目的项目管理机构（组织）。这个项目管理组织一般是施工单位的项目经理部、监理单位的工程监理部。项目经理是施工单位项目管理机构的负责人，主持编制的施工组织设计、项目管理实施规划是项目信息管理计划的编制依据。项目信息管理包括广义或狭义的概念，而施工资料管理贯穿项目全过程，是某项目信息管理的具体体现和实施手段，也是相关部门的检查验收依据。施工资料管理包括编制资料管理计划、建立资料收集台账、施工资料工作交接、施工资料的处理，如搜集、审查、整理、储存、检索、传递、追溯、应用、保管、立卷、归档、验收、移交。项目管理组织中的主要岗位职责见表1-5。

表1-5 项目管理组织中的主要岗位职责

岗位	主要职责	说明
项目经理	（1）组织、编制、实施、监督制度、机械 （2）统筹领导管理安全、质量、资料	
监理员	（1）验收工序 （2）见证取样 （3）检查人、设备运行情况 （4）复核工程计量有关数据	
专业监理工程师	（1）检查进场物资质量 （2）验收检验批、隐蔽工程、分项工程 （3）组织编写监理日志 （4）进行工程计量 （5）参与编写监理月报、参与工程变更管理、参与收集汇总监理文件、参与竣工预验收和验收	专业监理工程师或建设单位项目建设负责人组织项目质量检查员验收检验批

续表

岗位	主要职责	说明
总监理工程师	（1）组织验收分部工程；负责组织工程基坑（槽）验收 （2）组织审查单位工程的质量、安全、功能等验收资料 （3）组织工程竣工预验收，参与竣工验收 （4）组织编写监理月报、监理工作总结、工程质量评估报告，组织整理监理文件 （5）审核付款申请，签发工程款支付证书，组织审核竣工结算，审查处理工程变更，调解争议处理工程变更	（1）验收分部工程、单位工程 　施工单位项目技术负责人在"分部工程施工质量验收记录"自检栏内签字 （2）分部工程施工观感质量检查评 　在施工单位自行检查合格的前提下，总监理工程师组织专业监理工程师、项目经理、项目质量（技术）负责人、技术（质量）部门负责人，进行检查评价
施工单位技术负责人和总监理工程师签字后实施	对基坑支护与降水工程等一些达到一定规模的危险性较大的分部分项工程编制专项施工方案，并附安全验算结果	
施工单位项目经理和总监理工程师签字	单位工程安全和功能检验、资料核查及主要功能抽查记录结论并签字	

1.2.4 持证上岗制度

我国建设行业全面推行持证上岗制度。

专业人员应具有专业岗位证书，包括八大员：施工员（分为土建、装饰、设备、市政四个方向）、质量员、安全员、材料员、机械员、标准员、劳务员、资料员。

安管人员的安全
生产管理规定

技术人员应具有初级、中级、高级等技术职称。

项目管理人员应具有注册职（执）业资格证书，包括：城市规划师、建筑师、结构工程师、设备工程师、建造师、监理工程师、造价工程师。

根据2014年《建筑施工企业主要负责人、项目负责人和专职安全生产管理人员安全生产管理规定》（住房和城乡建设部令第17号公布）和2015年《建筑施工企业主要负责人、项目负责人和专职安全生产管理人员安全生产管理规定实施意见》中的规定，企业主要负责人是指对本企业生产经营活动和安全生产工作具有决策权的领导人员；项目负责人是指取得相应注册执业资格，由企业法定代表人授权，负责具体工程项目管理的人员；专职安全生产管理人员是指在企业专职从事安全生产管理工作的人员，包括企业安全生产管理机构的人员和工程项目专职从事安全生产管理工作的人员。建筑施工企业主要负责人、项目负责人和专职安全生产管理人员合称安管人员。安管人员活动应同时遵守《中华人民共和国安全生产法》《建设工程安全生产管理条例》等法律法规的规定。综上，施工企业从事生产时相关人员需要具有安全生产管理证书A证、B证、C证。

A证是由企业负责人通过考核获取的证书。企业主要负责人包括法定代表人、总经理（总裁）、分管安全生产的副总经理（副总裁）、分管生产经营的副总经理（副总裁）、技术负责人、安全总监等。

B证是项目负责人通过考核获取的证书。项目负责人（项目经理）应持有相应执业注册证书和B证。

C证是专职安全生产管理人员通过考核获取的证书。专职安全生产管理人员分为机械（C1证）、土建（C2证）、综合（C3证）三类。

任务1.3 五方责任主体

知识目标：
1. 掌握工程建设的五方责任主体的责任与要求
2. 掌握工程建设项目竣工联合验收的概念
3. 掌握建设工程质量监督部门归档资料目录

能力目标：
1. 具备判别五方责任主体的责任的能力
2. 能指出建设项目竣工联合验收项目名称和主要内容

素质目标：
1. 具有的沟通、协调工作的素质
2. 树立大局意识和社会主义全局观

课前准备：
1. 熟悉《建筑工程五方责任主体项目负责人质量终身责任追究暂行办法》
2. 搜集当地联合验收实施规定的相关政策文件

1.3.1 工程建设的五方责任主体项目负责人

住房和城乡建设部关于印发《建筑工程五方责任主体项目负责人质量终身责任追究暂行办法》的通知中规定：建筑工程五方责任主体项目负责人是指承担建筑工程项目建设的建设单位项目负责人、勘察单位项目负责人、设计单位项目负责人、施工单位项目经理、监理单位总监理工程师。建筑工程开工建设前，建设、勘察、设计、施工、监理单位法定

建筑工程五方责任主体项目负责人质量终身责任追究暂行办法

代表人应当签署授权书，明确本单位项目负责人。其中，第十条规定：建设单位应当建立建筑工程各方主体项目负责人质量终身责任信息档案，工程竣工验收合格后移交城建档案管理部门。项目负责人质量终身责任信息档案包括下列内容：建设、勘察、设计、施工、监理单位项目负责人姓名，身份证号码，执业资格，所在单位，变更情况等；建设、勘察、设计、施工、监理单位项目负责人签署的工程质量终身责任承诺书；法定代表人授权书。

1.3.2 工程建设项目竣工联合验收

由建设单位负责向政府有关行政主管部门或授权检测机构申请各项专业、系统验收，专业、系统验收内容及流程包括：①土建施工及验收备案流程；②人防专项验收流程；③公安消防专项验收备案流程；④规划验收；⑤环保检测；⑥电梯验收；⑦锅炉系统验收；⑧智能建筑验收；⑨燃气验收；⑩电力专项验收；⑪防雷验收；⑫供水验收；⑬市政排水；⑭电信验收；⑮城建档案预验收。

基于工程建设项目竣工联合验收是指对符合竣工验收条件的建设工程项目，实施"统一时间、集中组织、一次验收"的模式，实行规划、土地、消防、人防、园林、档案等事项限时联合验收，统一竣工验收图纸和验收标准，统一出具验收意见。

一般规定自建设单位提起竣工验收申请之日起计算，7～14个工作日内完成。建设单位登录本市的"工程建设项目审批管理系统"，通过网上申报、窗口受理、现场验收、窗口发证等几个环节完成，依据当地联合验收实施规定政策参加联合验收的各部门既要各负其责，又要整体联动。

1.3.3 质量监督部门

工程质量监督档案是反映工程质量监督过程及结果的记录。建设工程质量监督档案由监督负责人负责整理，质量监督机构技术负责人审核、检查，符合要求后向档案管理员移交。质量监督机构应建立建设工程质量监督归档台账和档案室，档案室应符合档案存放、保管的要求，确保档案保存的质量。

工程质量监督档案保管期限分长期和短期两种，长期为15年，短期为5年。质量监督部门的档案管理员应对本单位归档范围资料的收进、移出、保管、利用等情况进行统计，按照规定向本地区档案行政管理部门和上级部门报送档案工作基本情况统计表。

建设工程质量监督档案目录见表1-6。

表1-6　建设工程质量监督档案目录

类别	序号	内容	备注
有关责任主体提供的资料	1	施工图设计文件的审查合格书	
	2	工程竣工验收意见表	

续表

类别	序号	内容	备注
有关责任主体提供的资料	3	单位工程中间、预验收、竣工验收会议记录及整改回复	
	4	基础、主体结构工程验收报告	
	5	竣工验收记录统表	
	6	分部及子分部验收记录	
	7	五方责任主体验收或检查报告	
	8	设计重大变更联系单	
	9	工程竣工验收通知书	
	10	工程质量保修书	
	11	住宅工程质量分户验收汇总表及复核情况表	
	12	安装工程主要材料、设备品牌审核表（甲方审核签证）	
	13	电气系统全面通电试运行报告	
	14	沉降观测记录汇总表	
	15	外墙大角倾斜观测记录	
有关专项验收文件及有关验收记录	1	消防专项备案文件	
	2	外墙保温工程验收记录	
	3	钢结构专项验收记录	
	4	玻璃幕墙专项验收记录	
	5	人防专项验收文件	
	6	智能化系统检测报告	
	7	消防建筑设施检测报告	
	8	消防建筑电气检测报告	
	9	防雷专项验收合格文件	
	10	规划专项验收合格文件	
	11	环保设施"三同时"验收表	
	12	电梯验收合格报告及监督检测报告	
	13	室内空气质量检测报告	
	14	城建档案审核意见书	
	15	实体检测报告	
	16	两书一牌	

任务1.4 资料员职业道德素养

知识目标： 1. 理解资料员的主要工作职责
2. 掌握资料员的专业技能要求
3. 掌握资料员的专业知识要求

能力目标： 1. 具备制定职业发展规划的能力
2. 能参与编制《某项目施工资料管理规划与详细计划》

素质目标： 树立爱岗、敬业、忠诚、精品的理念

课前准备： 1. 调查资料员的行业现状与未来发展趋势和需求
2. 阅读《建筑与市政工程施工现场专业人员职业标准》（JGJ/T 250—2011），资料员部分

《建筑与市政工程施工现场专业人员职业标准》（JGJ/T 250—2011）中规定，建筑与市政工程施工现场专业人员应具备下列职业素养：

① 具有社会责任感和良好的职业操守，诚实守信，严谨务实，爱岗敬业，团结协作；
② 遵守相关法律法规、标准和管理规定；
③ 树立安全至上、质量第一的理念，坚持安全生产、文明施工；
④ 具有节约资源、保护环境的意识；
⑤ 具有终生学习理念，不断学习新知识、新技能。

1.4.1 资料员的工作职责

资料员的工作职责见表1-7。

表1-7 资料员的工作职责

项次	分类	主要工作职责
1	资料计划管理	（1）参与制定施工资料管理计划 （2）参与建立施工资料管理规章制度
2	资料收集整理	（1）负责建立施工资料台账，进行施工资料交底 （2）负责施工资料的收集、审查及整理

续表

项次	分类	主要工作职责
3	资料使用保管	（1）负责施工资料的往来传递、追溯及借阅管理 （2）负责提供管理数据、信息资料
4	资料归档移交	（1）负责施工资料的立卷、归档 （2）负责施工资料的封存和安全保密工作 （3）负责施工资料的验收与移交
5	资料信息系统管理	（1）参与建立施工资料管理系统 （2）负责施工资料管理系统的运用、服务和管理

1.4.2 资料员的专业技能

相关内容见表 1-8～表 1-10。

表 1-8 资料员应具备的专业技能

项次	分类	专业技能
1	资料计划管理	能够参与编制施工资料管理计划
2	资料收集整理	（1）能够建立施工资料台账 （2）能够进行施工资料交底 （3）能够收集、审查、整理施工资料
3	资料使用保管	（1）能够检索、处理、存储、传递、追溯、应用施工资料 （2）能够安全保管施工资料
4	资料归档移交	能够对施工资料进行立卷、归档、验收、移交
5	资料信息系统管理	（1）能够参与建立施工资料计算机辅助管理平台 （2）能够应用专业软件进行施工资料的处理

表 1-9 资料员的工作实操指导

项次	分类	主要工作职责与内容
1	资料计划管理	参与编制《某项目施工资料管理规划与详细计划》，在计划中可以分为上篇（资料管理的规章制度以及分工责任）、中篇（列出资料的明细表）和下篇（需要整理的其他资料明细表）
2	资料收集整理	参与施工单位的某项资料收集整理任务，如钢筋物质资料的进场前资料、使用中资料、报验资料等
3	资料使用保管	参与办公室资料借出手续办理过程
4	资料归档移交	参与建设资料归档、移交工作过程
5	资料信息系统管理	利用账号、密码登录数字平台，参与建设资料信息化建设工作

表1-10 资料员应具备的专业知识

项次	分类	专业知识
1	通用知识	（1）熟悉国家工程建设相关法律法规 （2）了解工程材料的基本知识 （3）熟悉施工图绘制、识读的基本知识 （4）了解工程施工工艺和方法 （5）熟悉工程项目管理的基本知识
2	基础知识	（1）了解建筑构造、建筑设备及工程预算的基本知识 （2）掌握计算机和相关资料管理软件的应用知识 （3）掌握文秘、公文写作基本知识
3	岗位知识	（1）熟悉与本岗位相关的标准和管理规定 （2）熟悉工程竣工验收备案管理知识 （3）掌握城建档案管理、施工资料管理及建筑业统计的基础知识 （4）掌握资料安全管理知识

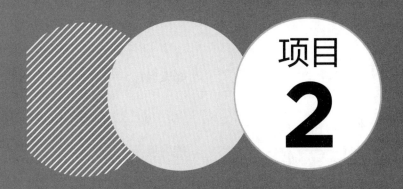

项目 2

建设单位资料

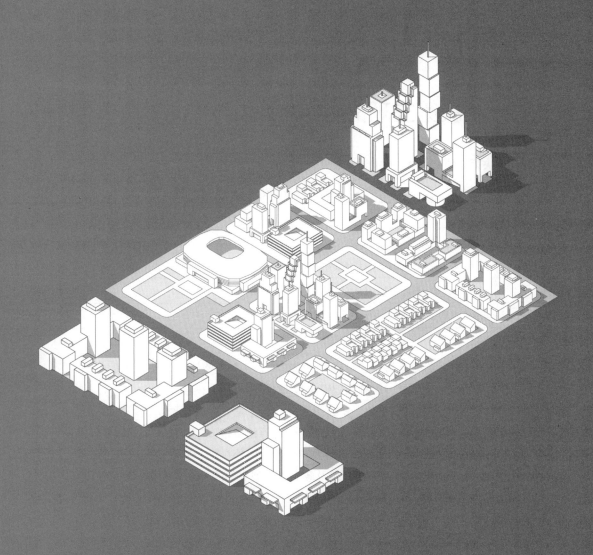

任务2.1 工程准备阶段文件（A类）

知识目标：1. 掌握A1~A6类文件的名称及主要内容
2. 掌握立项文件的来源、资料保存要求

能力目标：1. 能分类管理工程准备阶段文件资料
2. 能以资料员身份解答关于建设单位资料管理的相关问题

素质目标：1. 具有的建设资料决策立项意识
2. 具有规范、法制的审批意识

课前准备：1. 登录某省、市的政务服务网，查看建设项目审批要求
2. 扫描二维码，完成自测

2.1.1 决策立项文件 A1

构成决策立项文件 A1 的主要文件见表 2-1。

建设项目立项的流程

表 2-1 构成决策立项文件 A1 的主要文件

A1	立项文件
1	项目建议书及项目建议书批复文件
2	可行性研究报告及可行性研究报告批复文件
3	专家论证意见、项目评估文件
4	有关立项的会议纪要、领导批示

学习提示：

① A1 类文件除批复来源于建设行政主管单位外，其他资料均来源于建设单位；

② A1 类资料非常重要，必须由建设单位和城建档案馆归档保存。

立项文件是项目单位就新建、扩建事项向省、市发展和改革委员会（简称发改委）项目管理部门申报的书面申请文件。此文件是项目建设筹建单位或项目法人根据国民经济的发展、国家和地方中长期规划、产业政策、生产力布局、国内外市场、所在地的内外部条件，提出的某一具体项目的建议文件、可行性研究以及政府对立项文件的批复，批复后项目才可以进行。

作为存档用的立项文件主要有：项目建议书；对项目建议书的批复文件；可行性研究报告；

对可行性研究报告的批复文件；关于立项的会议纪要；领导批示，专家对项目的有关建议文件，项目评估研究资料；立项批文等。

（1）项目建议书。项目建议书（又称立项申请）是项目建设筹建单位或项目法人，根据国民经济的发展、国家和地方中长期规划、产业政策、生产力布局、国内外市场、所在地的内外部条件，提出的某一具体项目的建议文件，是对拟建项目提出的框架性的总体设想。对于大中型项目以及工艺技术复杂、涉及面广、协调量大的项目，还要编制可行性研究报告，作为项目建议书的主要附件之一。项目建议书是项目发展周期的初始阶段，是国家选择项目的依据，也是可行性研究的依据。

（2）可行性研究报告。撰写可行性研究报告是项目建设程序中十分重要的阶段，是对项目可行性以及项目成功率的研究，必须达到规定要求，为投资决策提供科学依据。编制可行性研究报告的重要依据是已批准的项目建议书。由项目法人通过招投标或委托等方式，确定有资质的和相应等级的设计或咨询单位承担，对项目建议书从技术和经济角度全面进行分析与论证，制定最佳实施方案。项目法人应全力配合，共同进行这项工作。

（3）立项批文。立项审核是政府有关部门对需要管理监督的项目进行审批的制度，也是一种审查程序。立项批文是指计划管理部门对项目建议书或可行性研究报告以文件形式对同意建设的批复。立项批文是项目实施的第一步，即取得的政府主管部门（发改委）对项目的批准文件。立项批文是极其重要的文件之一，是办理工程用地、规划、施工许可等所有手续必不可少的文件，其承办部门是所在地发改委相关部门。

2.1.2 建设用地文件 A2

构成决策立项文件 A2 的主要文件见表 2-2。

如何获得建设用地使用权

表 2-2 构成决策立项文件 A2 的主要文件

A2	建设用地、拆迁文件	建设单位	城建档案馆	资料来源
1	选址申请及选址规划意见通知书	必须归档保存	必须归档保存	建设单位
2	建设用地批准书	必须归档保存	必须归档保存	土地行政管理部门
3	拆迁安置意见、协议、方案等	必须归档保存	选择性归档保存	建设单位
4	建设用地规划许可证及其附件	必须归档保存	必须归档保存	规划行政管理部门
5	土地使用证明文件及其附件	必须归档保存	必须归档保存	土地行政管理部门
6	建设用地钉桩通知单	必须归档保存	必须归档保存	规划行政管理部门

注：各地的文件名称略有不同，可按表中序号对应的功能相同、性质类似的分类保存。

建设用地文件是有关项目的用地使用权、位置、规划等的资料，建设用地文件齐备、真实才能保证项目用地的合法性。

（1）工程项目选址申请及选址规划意见通知书。征占用地的批准文件、对使用国有土地的批准意见分别由当地政府和国土资源、房屋土地管理部门批准形成。

工程项目选址申请：在城市规划区域内进行建设的项目，申请人根据申请条件和依据，向城市规划管理部门提出选址申请，填写建设项目规划审批及其他事项申报表。

（2）规划设计条件通知书。建设单位申报规划设计条件。建设项目立项后，建设单位应向规划行政管理部门申报规划设计条件，并准备好相关文件和图纸。一般程序是国土部门或乡镇政府按照土地出让计划，发函至规划局；规划局编制中心接函后，审查资料是否齐全、是否符合要求，对符合要求的地块，按程序在一个月内（不含公示时间）完成规划设计条件提供，重点地段及重要的项目需进行论证。规划行政主管部门对建设单位申报的规划设计条件进行审查和研究，签发规划设计条件通知书，作为方案设计的依据。

（3）工程测量测绘报告。工程测量是工程建设中各种测量工作的总称。工程设计阶段的工程测量按工作程序和作业性质主要有地形测量及拨地测量。

工程测量测绘需提供以下资料：规划红线图（原件）；规划许可证（原件）；有关用地批文、批复、项目立项材料等（原件）。承办时限：如材料齐全，无权属纠纷，放样条件完备，则在15个工作日内提交成果。

（4）建设用地规划许可证及附件。建设用地规划许可证是建设单位在向土地管理部门申请征用、划拨土地前，经城乡规划行政主管部门确认建设项目位置和范围符合城乡规划的法定凭证，是建设单位用地的法律凭证。没有此证的用地单位属非法用地，房地产商的售房行为也属非法。

浙江省建设用地规划许可证网上办理界面如图2-1所示。

图2-1　浙江省建设用地规划许可证网上办理界面

（5）土地使用证。用地申请及批准文件指县级以上人民政府批准用地位置、面积、界限的文件，以批准文件直接归档。征用土地应严格按照国家规定的基本建设程序和审批权限办理。建设单位资料文件中国有土地使用证应为复印件，并需要加盖建设单位公章，其他文件均为原件方可通过竣工档案验收。

（6）建设用地钉桩（验线）通知单。规划行政主管部门在核发规划许可证时，应当向建设单位一并发放建设用地钉桩（验线）通知单。建设单位在施工前应当向规划行政主管部门提交填写完整的"建设用地钉桩（验线）通知单"，规划行政主管部门应在收到验线申请后3个工作日内组织验线。经验线合格后方可施工。

2.1.3 勘察设计文件 A3

构成决策立项文件 A3 的主要文件见表 2-3。

浙江省图纸数字化管理现状

表 2-3 构成决策立项文件 A3 的主要文件

A3	勘察、设计文件	建设单位	设计单位	城建档案馆	资料来源
1	工程地质勘察报告	必须归档保存	必须归档保存	必须归档保存	勘察单位
2	水文地质勘察报告				勘察单位
3	初步设计文件（说明书）				设计单位
4	设计方案审查意见				规划行政管理部门
5	人防、环保、消防等有关主管部门（对设计方案）审查意见				公安机关、消防机构等相关部门
6	设计计算书			选择性归档保存	设计单位
7	施工图设计文件审查意见			必须归档保存	施工图审查机构
8	节能设计备案文件		不做要求	必须归档保存	建设单位

表 2-3 的内容来自《建设工程文件归档规范》（GB/T 50328—2019），在岗人员还需要和当地城建档案馆联系，参加培训，了解地方规定，文件要求可能有增加。以下仅介绍其中几项。

（1）工程地质勘察报告。工程建设的勘察工作主要包括自然条件的调查、工程勘察、水文勘察、地震调查等内容。常用的地质勘察方法有野外调查、测绘、钻探、槽探、现场试验、室内试验和长期观测等。城市基本建设勘察一般多采用槽探、井探、物探、实验室试验等。工程地质勘察报告应包含文字部分与图表部分。文字部分主要包括前言、地形、地貌、地层结构、含水层构造、不良地质现象、土的冻结深度、地震烈度、对环境工程地质的变化进行预测等。图表部分主要包括工程地质分区图、平面图、剖面图、勘探点平面位置图、钻孔柱状图以及不良地质现象的平剖面图、物探剖面图和地层的物理力学性质、试验成果资料等。

（2）初步设计文件。初步设计图纸完成后，建设单位应将初步设计图及设计说明报相关部门进行审批。

（3）设计方案审查意见。一般建设项目实行两阶段设计，即初步设计和施工图设计。对于技术比较复杂，采用新工艺、新技术的重大项目，且缺乏设计经验的，通常采用三阶段设计，即初步设计、技术设计和施工图设计。初步设计图纸主要包括总平面图、建筑图、结构图、给水排水图、电气图、弱电图、采暖通风及空气调节图、动力图、技术与经济概算等。初步设计说明书由设计总说明和各专业的设计说明书组成。

（4）施工图设计文件审查意见。施工图应包括总平面图、建筑图、结构图、给图纸，应保留印有施工图审查机构加盖的施工图审查章。施工图说明书由设计总说明和各专业的设计说明书组成。一般工程的设计说明可分别列写在有关的图纸上。施工图设计审查指有资质的施工图审查机构对施工图设计文件的审批，如消防、防震、节能审查或其他明文规定必须进行的审查。建筑工程施工图设计文件审查是为了加强工程项目设计质量的监督和管理，保证建设工程设计质量。审查机构应做好审查项目的审查情况记录,并通过当地"施工图审查信息管理系统",将审查报告书、审查意见告知书等审查情况如实报送,予以备案。设计文件及审核部门见表2-4。

表2-4 设计文件及审核部门

施工图设计审核意见及合格书	审核意见及合格书的提供部门
建筑工程防雷设计审核意见书	气象部门
人民防空工程施工图审核意见书	人民防空办公室
建筑工程消防设计审核意见书	公安机关消防部门
施工图审查合格书(包括结构计算书)	有资质的图纸审查机构
建筑节能审查合格书(包括节能计算书)	有资质的图纸审查机构

2.1.4 工程招标投标及合同文件 A4

施工合同与招投标文件的关系

构成决策立项文件 A4 的主要文件见表 2-5。

表2-5 构成决策立项文件 A4 的主要文件

A4	招投标文件	建设单位	设计单位	施工单位	监理单位	城建档案馆	资料来源
1	勘察设计招投标文件	必须归档保存	必须归档保存				建设单位
2	勘察设计合同					必须归档保存	
3	施工招投标文件			必须归档保存	选择性归档保存		
4	施工合同					必须归档保存	
5	工程监理招投标文件				必须归档保存		
6	监理合同					必须归档保存	

注:1. 可以用符号表示,必须归档保存用符号"▲",选择性归档保存用符号"△"。
2. 表中行对齐查看对应保存要求。

招投标文件主要有勘察设计招投标文件及监理招投标文件等。合同文件主要有勘察设计承包合同、施工承包合同、委托监理合同和重大设备及材料订购合同等。招投标文件及合同文件是建设单位与参建各单位承发包的法律文件,对各单位具有法律效力。

(1)勘察设计招投标文件。勘察设计招标文件是招标单位通过公开发布信息,组织开标、评标等程序确定勘察设计的中标单位过程中所形成的包括投标邀请书和向中标单位发出的中标通知书等文件。

勘察设计投标文件是指参与招标单位组织的勘察设计招标活动的所有投标人向招标单位投送的符合招标要约要求的文件,而作为资料存档的投标文件是指中标单位的投标文件。

(2)勘察设计合同。建设工程勘察设计承包合同是建设单位(招标单位)与勘察设计单位根据有关法律、法规,遵循平等、自愿、公平和诚实守信的原则,签订完成工程勘察和设计任务,明确相互权利、义务关系的有法律效力的协议。

(3)中标通知书。中标单位确定后,建设单位向中标单位发出通知书,并与中标的施工单位签订施工合同。中标通知书是办理工程开工及工程竣工备案等的极其重要的文件，应妥善保管。

（4）施工合同。建设工程施工承包合同是建设单位（招标单位）与施工单位根据有关法律、法规，遵循平等、自愿、公平和诚实信用的原则，签订完成工程施工任务，明确相互权利、义务关系的有法律效力的协议。

（5）工程监理招投标文件。工程监理招投标文件指建设单位选择工程项目监理单位过程中所进行的招标、投标活动的（包括向中标单位发出的中标通知书等）文件资料。

（6）监理合同。建设工程委托监理合同是委托人与监理人就委托的工程项目管理内容签订的明确相互权利、义务关系的有法律效力的协议。监理合同是总的纲领性法律文件，是一个总的协议，经双方当事人签字盖章后即成立。合同中需要明确的主要内容包括工程概况，委托人向监理人支付报酬的期限和方式，合同签订、生效、完成时间，双方愿意履行约定的各项义务的表示。

2.1.5　开工文件 A5

明确开工日期
避免纠纷

构成决策立项文件 A5 的主要文件见表 2-6。

表 2-6　构成决策立项文件 A5 的主要文件

A5	开工审批文件	建设单位	施工单位	监理单位	城建档案馆	资料来源
1	建设工程规划许可证及其附件	必须归档保存	选择性归档保存	选择性归档保存	必须归档保存	
2	建设工程施工许可证		必须归档保存	必须归档保存		

开工文件主要有建设工程规划许可证及其附件、建设工程施工许可证及其附件、工程质量监督备案等。开工文件是工程项目进入施工实施阶段的必要条件，开工文件完整、规范，工程项目才能够得以进行。

（1）建设工程规划许可证及其附件。建设工程规划许可证是由城市规划行政主管部门依法核发的，是确认有关建设工程符合城市规划要求的法律凭证，是建设活动中接受监督检查时的法定依据（图 2-2 和图 2-3）。未取得拟建工程规划许可证（原址、选址建房意见书），在规划区以外建设，违反《土地管理法》《城乡规划法》《村庄和集镇规划建设管理条例》等相关法律法规的规定动工建造的房屋及设施是违章建筑。

图 2-2　××区建设工程规划许可证网上办理界面

图 2-3　××区建设工程施工许可证网上办理界面

（2）建设工程施工许可证及其附件。建设工程施工许可证是建筑施工单位符合各种施工条件、允许开工的批准文件，是建设单位进行工程施工的法律凭证，也是房屋权属登记的主要依据之一。

建筑工程施工许可证办理材料及流程分别见表 2-7 和图 2-4。

表 2-7　建筑工程施工许可证办理材料

序号	材料名称	来源渠道	材料必要性
1	危险性较大的分部分项工程清单（如有危大工程，需提交）	申请人自备	非必要
2	施工单位安全生产许可证	政府部门核发	必要
3	建设工程规划许可证	政府部门核发	必要
4	安管人员安全生产知识考核合格证书	政府部门核发	非必要
5	施工条件报告	申请人自备	必要
6	施工图审查合格书	其他	非必要
7	建设用地批准书或国有建设用地划拨决定书	政府部门核发	必要
8	施工合同或施工合同协议书部分	申请人自备	必要
9	经施工单位确认的工程款支付安排计划	申请人自备	必要
10	安全文明施工措施费支付计划	申请人自备	必要
11	五方责任主体及项目负责人承诺书、法定代表人授权书（如无监理，可容缺）	申请人自备	非必要
12	工程项目安全生产事故应急救援预案审核审批表	申请人自备	必要
13	施工组织设计审核审批表	申请人自备	必要
14	建筑工程施工许可申请表	申请人自备	必要

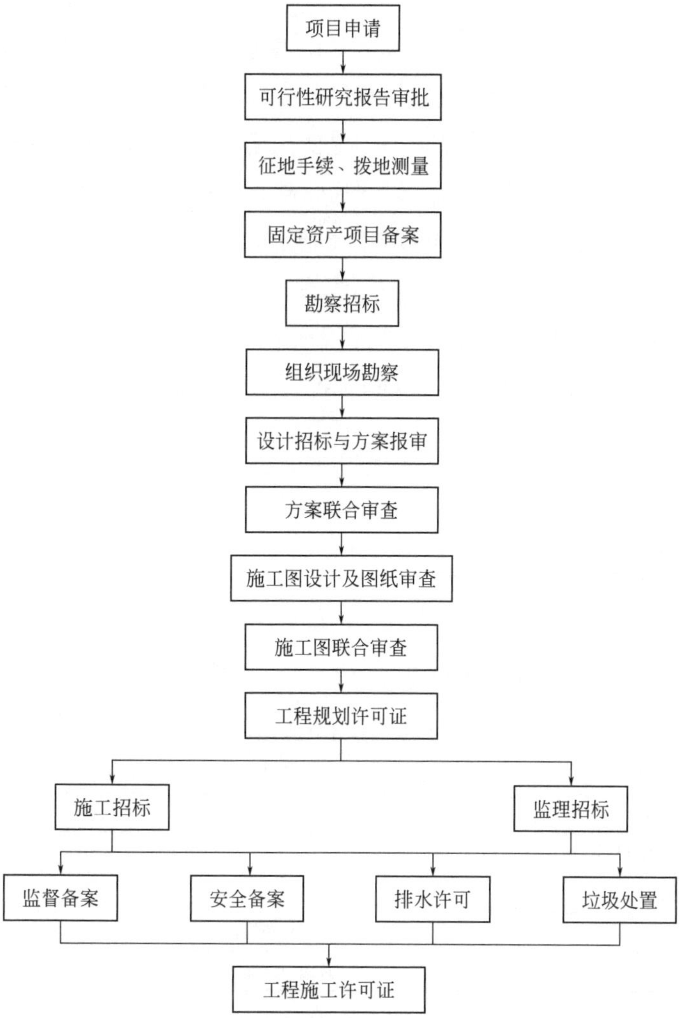

```
        项目申请
           ↓
     可行性研究报告审批
           ↓
     征地手续、拨地测量
           ↓
       固定资产项目备案
           ↓
         勘察招标
           ↓
        组织现场勘察
           ↓
       设计招标与方案报审
           ↓
         方案联合审查
           ↓
      施工图设计及图纸审查
           ↓
        施工图联合审查
           ↓
         工程规划许可证
         ↓         ↓
      施工招标      监理招标
    ↓   ↓   ↓   ↓
 监督备案 安全备案 排水许可 垃圾处置
           ↓
        工程施工许可证
```

图 2-4 施工许可证办理流程

我国相关法律法规中关于施工许可证的规定如下。

1.《中华人民共和国建筑法》(以下简称《建筑法》)

第七条 建筑工程开工前,建设单位应当按照国家有关规定向工程所在地县级以上人民政府建设行政主管部门申请领取施工许可证;但是,国务院建设行政主管部门确定的限额以下的小型工程除外。按照国务院规定的权限和程序批准开工报告的建筑工程,不再领取施工许可证。

2. 地方性法规

负责发放施工许可证的部门详见各省工程建设管理条例。

3. 规章:《建筑工程施工许可管理办法》(住房和城乡建设部令第 18 号)

> 第二条 在中华人民共和国境内从事各类房屋建筑及其附属设施的建造、装修装饰和与其配套的线路、管道、设备的安装,以及城镇市政基础设施工程的施工,建设单位在开工前应当依照本办法的规定,向工程所在地的县级以上地方人民政府住房城乡建设主管部门(以下简称发证机关)申请领取施工许可证。
>
> 第九条 在建的建筑工程因故中止施工的,建设单位应当自中止施工之日起二个月内向发证机关报告,报告内容包括中止施工的时间、原因、在施部位、维修管理措施等,并按照规定做好建筑工程的维护管理工作。建筑工程恢复施工时,应当向发证机关报告,中止施工满一年的工程恢复施工前,建设单位应当报发证机关核验施工许可证。

2.1.6 财务文件A6

构成决策立项文件A6的主要文件见表2-8。

估算、概算、预算、结算、决算的关系

表2-8 构成决策立项文件A6的主要文件

A6	工程造价文件	建设单位	施工单位	监理单位	城建档案馆
1	工程投资估算材料	必须归档保存			
2	工程设计概算材料				
3	招标控制价格文件				
4	合同价格文件		必须归档保存		选择性归档保存
5	结算价格文件		必须归档保存		选择性归档保存

(1)工程投资估算材料。投资估算是投资决策阶段的项目建议书,它包括从工程筹建到竣工验收、交付使用所需的全部费用。具体包括建筑安装工程费,设备、工器具购置费,工程建设其他费用,预备费,固定资产投资方向调节税,建设期贷款利息等。投资估算由建设单位编制或委托设计单位(或咨询单位)编制,主要依据相应建设项目投资估算招标,参照以往类似工程的造价资料编制。

(2)工程设计概算材料。在初步设计阶段,设计单位根据初步设计规定的总体布置及单项工程的主要建筑结构和设备清单来编制建设项目总概算。设计概算包括建筑安装工程费用,设备、工器具购置费用,工程建设其他费用,预备费等。设计概算经批准后是确定建设项目总造价、编制固定资产投资计划、签订建设项目贷款总合同的依据,也是控制建设项目拨款、考核设计经济合理性的依据。

(3)招标控制价格文件之工程施工图预算书。在工程项目招投标阶段,根据施工图设计确定的工程量编制施工图预算。招标单位(或委托单位)编制的施工图预算是确定标底的依据;投标单位编制的施工图预算是确定报价的依据;标底、报价是评标、决标的重要依据。施工图预算经审核后是确定工程造价、签订工程承包合同、实行建筑安装工程造价包干的依据。

(4)结算价格文件之工程结算资料送审要求。工程结算资料收集、编审原则及要求如下:

所有工程竣工结算，必须在承包人完成合同约定的全部工程承包内容，发包人依法组织竣工验收，并验收合格后办理，对于未完工程或质量不合格工程不予办理竣工结算，发包人不予接收承包方移交的竣工结算报告及结算资料。承包人在工程实施的过程中应及时办理各种资料签认手续，收集整理有关结算资料，制作已完工程竣工图。工程竣工结算由承包人编制并移交发包人。

工程通过验收合格后，承包人首先应按本要求整理结算所需的必备资料，其次根据资料组织结算编制工作，并做好送审前的自审。承包人自审完毕后，编制移交清单，将真实、完整、规范的竣工结算资料报送发包人，双方签字、盖章后方可交接。

承包人应实事求是编制竣工结算，保证竣工结算资料的真实性、完整性、规范性。承包人应在竣工验收合格后（同时提交的竣工资料审核合格后方能验收合格），在合同要求的期限内完成项目竣工结算编制、自审、送审工作，未在期限内完成并且提不出正当理由延期的，责任应由承包人承担。

（5）结算价格文件之送审结算资料清单及要求。送审结算资料分基础资料和结算书两部分，两部分内容分别装订成册，若一册资料过多可分本装订。项目结算资料清单见表2-9。

表2-9 项目结算资料清单

序号	材料名称	要求	备注	提供单位
1	中标通知书	原件	开工前收集	施工单位
2	商务标	原件	开工前收集	
3	施工组织设计或技术标	原件	开工前收集	
4	施工合同及补充合同	原件	开工前收集	
5	招标时对应的施工图	电子版	开工前收集	
6	桩施工记录汇总表	原件	施工过程收集	
7	隐蔽工程验收记录单	原件	施工过程收集	
8	设计变更单	原件	施工过程收集	
9	工程技术联系单（及设计优化方案终稿）	原件	施工过程收集	
10	经济签证单	原件	施工过程收集	
11	施工索赔资料	原件	施工过程收集	
12	暂定价、市场价、无价材料签证单	原件	施工过程收集	
13	开工报告	原件	施工过程收集	
14	基础、结构中间验收单	原件	施工过程收集	
15	竣工验收证明	原件	施工过程收集	
16	合同要求人工、材料动态管理时间节点签证单	原件	施工过程收集	
17	工期签证单（或工期奖罚情况说明）	原件	施工过程收集	
18	质量获奖文件	原件	结算送审前收集	
19	安全文明创杯文件	原件	结算送审前收集	
20	工程量计算底稿		施工过程收集	
21	相关单位签章确认的竣工图	原件	结算送审前收集	
1	招标文件及补遗		建设单位提供	建设单位
2	工程量清单		建设单位提供	
3	清单编制说明		建设单位提供	
4	标底		建设单位提供	
5	概算文件		建设单位提供	

任务2.2 办理施工许可证

知识目标： 1. 掌握施工许可证办理流程和资料要求
2. 掌握建筑工程施工许可申请表内容含义与填写要求

能力目标： 1. 具备办理规划许可证的能力
2. 具备办理施工许可证的能力

素质目标： 1. 具有合法施工，不建违章建筑的意识
2. 具有确认合法地位，保证合法权益的法律保护意识

课前准备： 1. 登录某省、市的政务服务网，查看办理施工许可证的要求和流程
2. 制作办理施工许可证的道具，用于模拟工作情景

建筑工程施工许可管理办法（2019）

相关内容见表 2-10～表 2-12 和图 2-5。

表 2-10　办理规划许可证填写知识技能

文件名称	建设用地规划许可证		
保存份数	2 份		
保存单位	建设单位、城建档案馆（注明原件出处）		
签字	主管部门即审即办		
来源	某市自然资料和规划局		
办理网址	某省、市的政务服务网		
提交资料与证书样本	材料名称	材料形式	必要性及描述
提交资料与证书样本	建设项目立项文件（包括建设项目指准、核准、备案等文件）	系统自动获取，如数据不全则需申请者提交	必要
提交资料与证书样本	村民委员会签署的书面同意意见（集体所有土地项目还应提供）	电子	非必要
提交资料与证书样本	用地红线图（包括电子文件）	电子	必要
提交资料与证书样本	土地出让合同（出让土地项目还应提供）	电子	非必要

续表

	材料名称	材料形成	必要性及描述
提交资料与证书样本	统一社会信用代码证或身份证	系统自动获取，如数据不全则需申请者提交	必要
	建设用地规划许可证（证书样本）	建设用地规划许可证（证书样本）	

建筑工程资料管理规程有行业推荐标准、地方标准、协会团体标准等形式。学习本规程时请结合所在地的地方标准编制资料按地方相关部门要求归档保存。列举几个如下，供读者对照学习。

①《建筑工程资料管理规程》（JGJ/T 185—2009），中华人民共和国住房和城乡建设部，是建筑工程行业推荐性国家标准。

②《建筑工程资料管理规程》（DB11/T 695—2017），北京市住房和城乡建设委员会，是北京市地方标准。

③《建筑工程资料管理规程》（DB34/T 918—2019），安徽省市场监督管理局，是安徽省地方标准。

④《建筑工程资料管理规程》（DB37/T 5072—2016），建筑工程（建筑与结构工程），山东省住房和城乡建设厅。

⑤《建筑工程资料管理规程》（DB37/T 5073—2016），建筑工程（建筑设备、安装与节能工程），山东省住房和城乡建设厅，是山东省地方标准。

⑥《建筑工程施工资料管理规程》（DBJ04/T 214—2015），山西省住房和城乡建设厅，是山西省地方标准。第1部分为地基与基础、主体结构、建筑装饰装修、屋面和室外设施与环境；第2部分为智能建筑和建筑节能。

⑦《建筑工程施工资料管理规程》[DBJ04/T 214(3)—2020]，建筑工程施工资料管理规程第3部分建筑给水排水及供暖、通风与空调、建筑电气和电梯，山西省住房和城乡建设厅，是山西省地方标准。

⑧《建筑工程资料管理规程》（T/SCIA 001—2020），陕西省建设工程质量安全监督总站，是陕西省建筑业协会团体标准。

⑨ 浙江省《市政基础设施工程资料编制规程》征求意见稿，2022年。

表2-11 建筑工程施工许可申请表填写知识技能1

建设单位名称	与建设工程规划许可证一致（要求打印）	所有制性质	如实填写（要求打印）
建设单位地址	如实填写（要求打印）	电话	如实填写（要求打印）
法定代表人	如实填写（要求打印）	领证人	如实填写（要求打印）
工程名称	与建设工程规划许可证一致（要求打印）		
建设地点	与建设工程规划许可证一致（要求打印）		
合同价格	与施工合同一致		
建设规模	与建设工程规划许可证一致（要求打印）		

续表

结 构 类 型	结构类型：钢结构、框架、框剪、剪力墙、砌体、其他 总层数：地上__层　地下__层 与建设工程规划许可证一致（要求打印）		
合同开工日期	与《施工合同》一致	合同竣工日期	与《施工合同》一致
施工总包单位： 施工单位加盖公章		施工分包单位 分包施工单位加盖公章	

申请单位：与建设工程规划许可证一致

　　　　　　　　　　　　　　法定代表人（签章）　　单位（签章）

　　　　　　　　　　　　　　　　　　　　年　月　日

表 2-12　建筑工程施工许可申请表填写知识技能 2

建设工程用地许可证	填写建设工程用地许可证编号（要求打印）
建设工程规划许可证	填写建设工程用地许可证编号（要求打印）
拆迁许可证或施工现场 是否具备施工条件	由施工企业技术负责人签署意见并签名
中标通知书及施工合同	中标通知书复印件
施工图纸及技术资料	房屋建筑工程：填写审图单位及编号（要求打印）
施工组织设计	由总监理工程师签署意见并签名
监理合同或建设单位工程技术人员情况	已进行监理招标的填写中标通知书编号（要求打印）
质量、安全监督手续	填写建设工程质量注册登记表编号和安全监督登记表编号（要求打印）
资金保函或证明	填写银行名称及资金证明编号（要求打印）或者资金证明附后
其他资料	

审查意见：

　　　　　　　　　　　　　　　（发证机关盖章）

　　　　　　　　　　　　审查人：　年　月　日

注：此栏中应填写文件或证明材料的编号。没有编号的，应由经办人审查文件或资料是否完备。

不需要办理施工许可证的
建设工程

图 2-5　施工许可证样本

项目 3

监理单位资料

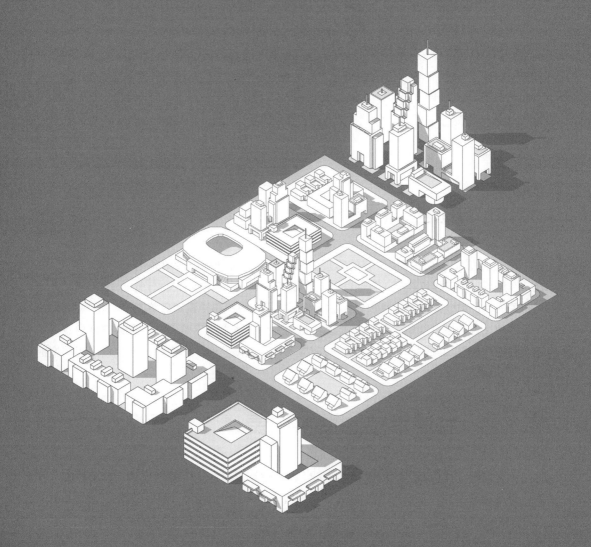

任务3.1 监理资料管理

知识目标： 1. 熟悉建设工程监理的工作程序及主要管理资料名称与内容
2. 掌握监理项目资料归档分类原则、内容及分卷目录
3. 掌握监理项目资料编制要求，监理信息分类编码体系

能力目标： 1. 具备参与监理审批、签认、验收等工作的能力
2. 能搜集、整理监理资料

素质目标： 1. 养成配合监理，保证建设工程质量的工作素养
2. 树立针对监理资料过程的、系统的、科学管理的思想

课前准备： 制作监理资料分类卡，并作为模拟监理工作情景的道具。预习监理工作程序情景

3.1.1 监理资料管理

《中华人民共和国建筑法》
（2019年修订版）
监理部分

建设工程监理文件档案资料的管理，是指监理工程师受建设单位委托，在进行建设工程监理的工作期间，对建设工程实施过程中形成的与监理相关的文件和档案进行收集积累、加工整理、立卷归档和检索利用等工作。监理文件档案资料是工程建设监理信息的主要载体之一。监理文件资料管理的意义：为建设工程监理工作的顺利开展创造良好的前提条件；提高监理工作效率；为建设工程档案的归档提供可靠保证。

3.1.2 监理单位的资料职责

工程监理文件资料以合同管理为主线，以对建筑工程的施工质量控制、投资控制、安全控制、进度控制文件为主要内容，由项目监理机构专人负责收集、编制、管理、保存，由总监

工程师负责工审核,经监理单位技术负责人审查后移交建设单位。

监理单位负责工程中间验收,隐蔽工程验收,工程各项检测试验见证和结果验收,竣工验收,验收后应及时签字盖章。

监理资料员应具备的专业知识见表3-1。

表3-1 监理资料员应具备的专业知识

项次	分类	专业知识
1	通用知识	(1)熟悉国家工程建设相关法律法规 (2)了解工程材料的基本知识 (3)熟悉施工图绘制、识读的基本知识 (4)了解工程施工工艺和方法 (5)熟悉工程项目管理的基本知识
2	基础知识	(1)了解建筑构造、建筑设备及工程预算的基本知识 (2)掌握计算机和相关资料管理软件的应用知识 (3)掌握文秘、公文写作基本知识
3	岗位知识	(1)熟悉与监理本岗位相关的标准和管理规定 (2)熟悉工程竣工验收备案管理知识 (3)掌握城建档案管理、施工资料管理及建筑业统计的基础知识 (4)掌握资料安全管理知识

工程监理按照工程监理规范的要求开展工作,基本方法有旁站、巡视和平行验收等。未经监理工程师签字,建筑材料、建筑构配件和设备不得在其工程上使用或安装,施工单位不得进行下道工序的施工。未经总监理工程师签字,建设单位不拨付工程款,不进行竣工验收。监理合同签订以后,监理企业应按如下监理程序实施建设工程监理。

(1)确定项目总监理工程师,成立项目监理机构。监理单位应根据建设工程的规模、性质、业主对监理的要求,委派称职的人员担任项目总监理工程师,代表监理单位全面负责该工程的监理工作。总监理工程师是项目监理工作的总负责人,他对内向监理单位负责,对外向业主负责。监理机构的人员构成是监理投标书中的重要内容,是业主在评标过程中认可的,总监理工程师在组建项目监理机构时,应根据监理大纲内容和签订的委托监理合同内容组建,并在监理规划和具体实施计划执行中进行及时的调整。

(2)编制建设工程监理规划。建设工程监理规划是开展工程监理活动的纲领性文件。监理规划应针对项目的实际情况,明确项目监理机构的工作目标,确定具体的监理工作制度、程序、方法和措施,并应具有可操作性。监理规划应在签订委托监理合同及收到设计文件后开始编制,经监理单位技术负责人审核批准,并应在召开第一次工地会议前报送建设单位。

(3)制定各专业监理实施细则。在监理规划的指导下,为具体指导项目投资控制、质量控制、进度控制的进行,对中型及以上或专业性较强的工程项目,项目监理机构应编制监理实施细则。监理实施细则应符合监理规划的要求,并应结合工程项目的专业特点,做到详细具体、具有可操作性。

监理实施细则由专业监理工程师在相应工程施工开始前编制完成,并经总监理工程师批准,包括下列主要内容:专业工程的特点;监理工作的流程;监理工作的控制要点及目标值;监理工作的方法及措施。

(4)规范化地开展监理工作。监理工作的规范化体现在:①工作的时序性,各项工作都应按一定的逻辑顺序先后展开，能有效、有序地达到目标；②不同专业、不同层次的专家群体职责分工严密；③工作目标具体明确，能通过报表资料对监理工作及其效果进行检查和考核。

（5）参与验收，签署建设工程监理意见。建设工程施工完成以后，监理单位应在正式验交前组织竣工预验收，在预验收中发现的问题，应及时与施工单位沟通，提出整改要求。监理单位应参加业主组织的工程竣工验收，签署监理单位意见。

（6）向业主提交建设工程监理档案资料。建设工程监理工作完成后，监理单位向业主提交的监理档案资料应在委托监理合同文件中约定。如在合同中没有做出明确规定，监理单位一般应提交：设计变更、工程变更资料，监理指令性文件，各种签证资料等档案资料。

（7）监理工作总结。监理工作完成后，项目监理机构应及时提交监理工作总结。向业主提交的监理工作总结主要内容包括：监理合同履行情况概述，监理任务或监理目标完成情况的评价，监理工作总结的说明等。向监理单位提交的监理工作总结主要内容包括：监理技术、方法、工作的经验；采用某种经济措施、组织措施的经验；委托监理合同执行方面的经验或如何处理好与业主、承包单位关系的经验等；对监理工作中存在的问题及改进的建议。

3.1.3 监理单位的资料范围

（1）监理单位的资料范围。监理项目完成后，应按要求分别整理有关监理资料，移交城建档案馆、建设单位和各自监理单位，归档内容见表3-2。

表3-2 建筑工程监理文件归档范围
[《建设工程文件归档规范》（GB/T 50328—2019）表 A.0.1]

类别		归档文件	保存单位				
			建设单位	设计单位	施工单位	监理单位	城建档案馆
监理文件（B类）							
B1		监理管理文件					
	1	监理规划	▲			▲	▲
	2	监理实施细则	▲		△	▲	▲
	3	监理月报	△			▲	
	4	监理会议纪要	▲		△	▲	
	5	监理工作日志				▲	
	6	监理工作总结				▲	▲
	7	工作联系单	▲		△	△	
	8	监理工程师通知	▲		△	△	△
	9	监理工程师通知回复单	▲		△	△	△
	10	工程暂停令	▲		△	△	▲
	11	工程复工报审表	▲		▲	▲	▲
B2		进度控制文件					
	1	工程开工报审表	▲		▲	▲	▲

续表

类别	归档文件	保存单位				
		建设单位	设计单位	施工单位	监理单位	城建档案馆
2	施工进度计划报审表	▲		△	△	
B3	质量控制文件					
1	质量事故报告及处理资料	▲		▲	▲	▲
2	旁站监理记录	△		△	▲	
3	见证取样和送检人员备案表	▲		▲	▲	
4	见证记录	▲		▲	▲	
5	工程技术文件报审表			△		
B4	造价控制文件					
1	工程款申报	▲		△	△	
2	工程款支付证书	▲		△	△	
3	工程变更费用报审表	▲		△	△	
4	费用索赔申请表	▲		△	△	
5	费用索赔审批表	▲		△	△	
B5	工期管理文件					
1	工程延期申请表	▲		▲	▲	▲
2	工程延期审批表	▲			▲	▲
B6	监理验收文件					
1	竣工移交证书	▲		▲	▲	▲
2	监理资料移交书	▲			▲	

注：▲表示必须归档保存；△表示选择性归档保存。

（2）监理项目资料档案归档内容及分卷目录（表3-3）。

表3-3 监理项目资料档案归档内容及分卷目录

编号	类别	案卷号	内容名称	备注
第一部分监理工作管理性文件	监理前期工作管理性文件	第一卷	（1）招投标文件、中标通知书、建设工程施工监理登记表	▲
			（2）工程建设监理委托合同	▲
			（3）总监理工程师任命书、总监代表授权书	▲
			（4）监理规划	▲
			（5）监理细则	▲
			（6）旁站方案	▲
	监理工作过程性文件	第二卷至第六卷	（1）《建设工程监理规范》规定的A类表资料★	▲
			（2）《建设工程监理规范》规定的B类表资料★	▲
			（3）《建设工程监理规范》规定的C类表资料★	▲
			（4）监理月报	▲
			（5）监理日记	▲
		第七卷	监理会议纪要及工程建设各方往来函件	▲

续表

编号	类别	案卷号	内容名称	备注
第一部分监理工作管理性文件	监理工作总结性文件	第八卷	（1）分项、分部工程质量验收记录和质量评估报告	▲
			（2）单位工程质量验收记录和质量评估报告	▲
			（3）监理单位工程质量合格证明书	▲
			（4）监理工作总结报告	▲
			（5）监理业务手册	▲
			（6）其他有参考价值的资料	
第二部分进度控制文件	进度控制文件	第九卷	（1）工程开工报审表	
			（2）施工进度计划报审表	
第三部分质量控制文件	质量控制文件	第十卷	（1）监理实测实量见证、测量复核资料	▲
			（2）旁站记录	▲
			（3）平行检验	
第四部分造价控制文件	造价控制文件	第十一卷	（1）工程款申报	▲
			（2）工程款支付证书	▲
			（3）工程变更费用报审表	▲
			（4）费用索赔申请表	
			（5）费用索赔审批表	
第五部分工期管理文件	工期管理文件	第十二卷	（1）工程延期申请表	
			（2）工程延期审批表	
第六部分监理验收文件	监理验收文件		（1）竣工移交证书	
			（2）监理资料移交书	
第七部分其他	影像资料	第十三卷	（1）照片资料	▲
			（2）录像资料	
	电子文件	第十三卷	（1）图像文件	
			（2）数据文件	
			（3）文本文件	

注：1. 表中注明"▲"的为必须归档的监理项目资料，每个项目归档时都不得遗漏。
2. 注"★"的归档内容详见相关规定。
3. 其他有参考价值的资料指项目总监理工程师应根据工程建设监理实际情况，保留建设单位、设计单位和施工单位编制的具有工程项目建设管理参考价值的文件与资料。

3.1.4　监理资料编制要求

建筑市场监管
"四库一平台"

3.1.4.1　监理档案的编制要求

① 监理档案应根据建设工程委托监理合同中约定的监理范围、工作职责和任务，依据有关

法律、法规、强制性标准、施工范畴规定和实际文件要求,按照相关规范和规定编制。

② 监理档案必须按照施工过程的每道工序、每一事件发生时间的先后顺序编制,达到每道工序和每一事件的始发与终结的全过程形成闭合环,即有始、有终、有结果,并可追溯到总监和专业监理工程师的监理日记上。

③ 总监或监理工程师在监理档案资料上签署意见时,必须标明与要处理的事宜相适应的法律、法规、强制性标准、施工规范、施工规程等依据或设计文件,合同约定条款的依据,不得简单地填写"同意"或"不同意"的字样,要有翔实的审批意见。

④ 总监或监理工程师在监理档案资料上签署意见时,必须经有资格的监理工程师签字盖章,否则,签署的意见无效。

⑤ 监理文件和档案收文与登记。所有收文都应在收文登记表上进行登记(按监理信息分类别进行登记)。应记录文件名称、文件摘要信息、文件的发放单位(部门)、文件编号以及收文日期,必要时应注明接收文件的具体时间,最后由项目监理部负责收文人员签字。

⑥ 监理文件档案资料传阅与登记。 监理工程师确定文件、记录是否需传阅,如需传阅应确定传阅人员名单和范围,并注明在文件传阅纸上,随同文件和记录进行传阅。

⑦ 监理文件资料发文与登记。 发文由总监理工程师或其授权的监理工程师签名,并加盖项目监理部图章,对盖章工作应进行专项登记。

归档责任与要求见表 3-4。

表 3-4 归档责任与要求

总监理工程师	项目部工程师
主持编写项目规划、旁站方案、工程总结	在总监理工程师指定下,全面负责监理资料归档整理、装订及移交工作
负责项目部归档资料、移交等事项	负责编写细则、监理月报、例会、质量评估报告等一切归档资料
组织各项目部对监理资料进行互查、抽查制度(每季一次)	

3.1.4.2 项目监理机构中各类人员的基本职责

数字"监管"推进工程
质量管理智慧升级

施工阶段,按照《建设工程监理规范》的规定,项目总监理工程师、总监理工程师代表、专业监理工程师和监理员应分别履行以下职责。

(1)总监理工程师职责

① 确定项目监理机构人员的分工和岗位职责;

② 主持编写项目监理规划、审批项目监理实施细则,并负责管理项目监理机构的日常工作;

③ 审查分包单位的资质,并提出审查意见;

④ 检查和监督监理人员的工作,根据工程项目的进展情况可进行人员调配,对不称职的人员应调换其工作;

⑤ 主持监理工作会议,签发项目监理机构的文件和指令;

⑥ 审定承包单位提交的开工报告、施工组织设计、技术方案、进度计划;

⑦ 审核签署承包单位的申请、支付证书和竣工结算;

⑧ 审查和处理工程变更;

⑨ 主持或参与工程质量事故的调查;

⑩ 调解建设单位与承包单位的合同争议、处理索赔、审批工程延期；

⑪ 组织编写并签发监理月报、监理工作阶段报告、专题报告和项目监理工作总结；

⑫ 审核签认分部工程和单位工程的质量检验评定资料，审查承包单位的竣工申请，组织监理人员对待验收的工程项目进行质量检查，参与工程项目的竣工验收；

⑬ 主持整理工程项目的监理资料。

总监理工程师不得将下列工作委托总监理工程师代表：

① 主持编写项目监理规划、审批项目监理实施细则；

② 签发工程开工／复工报审表、工程暂停令、工程款支付证书、工程竣工报验单；

③ 审核签认竣工结算；

④ 调解建设单位与承包单位的合同争议、处理索赔；

⑤ 根据工程项目的进展情况进行监理人员的调配，调换不称职的监理人员。

（2）总监理工程师代表职责

① 负责总监理工程师指定或交办的监理工作；

② 按总监理工程师的授权，行使总监理工程师的部分职责和权力。

（3）专业监理工程师职责

① 负责编制本专业的监理实施细则；

② 负责本专业监理工作的具体实施；

③ 组织、指导、检查和监督本专业监理员的工作，当人员需调整时，向总监理工程师提出建议；

④ 审查承包单位提交的涉及本专业的计划、方案、申请、变更，并向总监理工程师提出报告；

⑤ 负责本专业分项工程验收及隐蔽工程验收；

⑥ 定期向总监理工程师提交本专业监理工作实施情况报告，对重大问题及时向总监理工程师汇报和请示；

⑦ 根据本专业监理工作实施情况做好监理日记；

⑧ 负责本专业监理资料的收集、汇总及整理，参与编写监理月报；

⑨ 核查进场材料、设备、构配件的原始凭证、检测报告等质量证明文件及其质量情况，根据实际情况认为有必要时对进场材料、设备、构配件进行平行检验，合格时予以签认；

⑩ 负责本专业的工程计量工作，审核工程计量的数据和原始凭证。

（4）监理员职责

① 在专业监理工程师的指导下开展现场监理工作；

② 检查承包单位投入工程项目的人力、材料、主要设备及其使用、运行状况，并做好检查记录；

③ 复核或从施工现场直接获取工程计量的有关数据并签署原始凭证；

④ 按设计图及有关标准，对承包单位的工艺过程或施工工序进行检查和记录，对加工制作及工序施工质量检查结果进行记录；

⑤ 担任旁站工作，发现问题及时指出并向专业监理工程师报告；

⑥ 做好监理日记和有关的监理记录。

3.1.5 监理项目部资料档案管理作业标准

项目部现场资料管理,均按标准进行分类登记和存放。若资料夹中存放不下时,可另设资料盒存放,但资料夹中应有台账登记,资料盒中应有记录清单。若项目由多个单位工程组成,所共有的资料,如有关原材料资料、施工组织设计等,按检索表登记和存放,但在相应单位工程资料盒文件记录清单中,应进行登记并说明存放处。如含多个单位工程,则平行检验资料夹、检验批/隐蔽/分项工程验收资料夹中,应按单位工程区分登记和存放。

工程质量管理标准化的内涵

分包工程,如屋面防水、外墙涂料、门窗、阳台栏杆、室内防水等,若甲方直接发包,应要求分包单位按单位工程进行报验,但资料可不存放于该单位工程资料盒中,可按分包专业统一存放或按分包单位统一存放。每一资料盒中都应具有记录清单台账,资料盒封面有索引。

(1)监理资料编号。监理资料编号原则如下:监 ×-×-×××,其中:第一个 × 为信息类别代号;第二个 × 为分类编号;第三个 ××× 为顺序号。例如:第 20 份"工程款支付申请表"的编号为"监 A-5-020"。详见表 3-5 监理信息分类编码体系。

表 3-5 监理信息分类编码体系

信息类别	资料夹名称	存放文件、记录内容	分类编号	使用表格（质量记录）	备注
监 A	监理工作审批文件	监理规范表式 A1～A10 表	监 A 类	质量记录清单（HOJL/B4.2-03）	
		施工进度计划报审表（监理表式 A4 表）			
		工程变更单（监理规范表式 C2 表）			
		承包单位需监理签证的有关表式			
		质量缺陷与事故处理文件			
		分项、分部、单位工程等验收资料			
监 B	监理工作函件	监理规范表式 B1～B6 表	监 B 类	质量记录清单（HOJL/B4.2-03）	
		监理工作联系单（监理规范表式 C1 表）			
		监理工作专题报告			
		工程质量评估/验收报告			
		监理单位工程质量合格证明书（竣工备案文件）			
		监理工作报告（月报、周报）			
		监理工作总结报告			
监 C	监理工作记录文件	巡视、旁站检查记录表（监理表式 C4 表）	监 C 类	质量记录清单（HOJL/B4.2-03）	
		实测、实量记录表			
		监理平行检测资料			
		承包单位质保体系（资料）核查记录表			
		监理日记			
		工程照片及声像资料			
监 D	监理工作指导文件	监理规划	监 D1	文件记录清单（HOJL/B4.2-01）	
		监理细则	监 D2		
		工程例会纪要	监 D3		

续表

信息类别	资料夹名称	存放文件、记录内容	分类编号	使用表格（质量记录）	备注
监 E	监理工作依据文件	工程施工招标文件，合同文件，工程预算书	监 E1	文件记录清单（HOJL/B4.2-02）	
		勘察文件、红线、水准点测绘及地下管线资料	监 E2		
		设计文件，施工图纸，设计修改通知单	监 E3		
		工程变更资料、技术核定	监 E4		
		环境监测，工程量核算资料	监 E5		
监 F	工程管理往来函件	监理项目部函件	监 F1	文件记录清单（HOJL/B4.2-01）	
		建设单位函件	监 F2		
		承包单位函件	监 F3		
		质量监督部门函件	监 F4		
		相关单位召开的会议纪要	监 F5		
监 G	监理项目部内部文件	监理贯标工作文件	监 G1	文件清单（HOJL/B4.1-06）	
		监理技术性文件	监 G2		
		监理法规性文件	监 G3		
		监理管理性文件	监 G4		
		监理项目部内部管理文件	监 G5		

监理资料编号应标注在文件和记录的右上角。

（2）监理项目部信息管理登记要则

① 文件清单。"序号"栏应从 001 起顺次填写；"文件编号"栏应按监理信息编码要求予以顺次编号记录；"文件名称"栏应填写该文件的全称或索引关键词；"发文单位"栏中应填写该文件的发文单位名称，可以是建设单位、承包单位、监理公司和监理项目部等，如为内部文件，此栏可不填写；"发文日期"栏应填写发文的日期，格式如"年．月．日"，如"2000.04.26"；"处理结果"栏应填写该文件管理责任人签名；"处理人"栏应由文件资料管理责任人签名；"处理日期"栏应填写归档存放的日期，格式如上所示；"备注"栏内可记录文件转发、作废等信息。

② 质量记录清单。"序号"栏内应从 001 起顺次填写；"质量记录名单"栏应填写质量记录表格名称；"编号"栏应按监理信息编码要求予以顺次编号并记录；"保管人"栏应由质量记录管理责任人签名；"保管部门"栏应填写"监理项目部"，如已作为局部档案移交也可注明移交部门名称；"保管日期"栏应填写质量记录归档存放日期，格式如"年．月．日"；"备注"栏内可记录质量记录的转发、作废或质量记录保存地点变更等信息。

（3）"监理工作台账"可按"监理项目部监理工作台账（目录）"所示进行编制和记录，亦可根据开展工程建设监理工作的实际需要增加相关的内容。"监理工作台账"可由项目部资料员进行日常登录工作。总监理工程师检查台账的登录质量。

（4）"监理项目部工程建设规范、标准清单"应记录监理项目部所使用的各类规范和标准，应注意检查其有效性。如有作废，应有明确的标识，并收回作废文本予以销毁。各类质量记录表式应按公司的相关规定进行填写，并应加盖监理项目部章表示有效。

（5）项目档案的验收。监理项目资料档案编制完成后应及时报请相关人员进行项目档案验收工作。中、小型监理项目的档案应由项目总监、项目部档案主管人员、项目部专业监理工程师进行档案验收工作；大型监理项目的档案应由项目总监、档案主管人员、项目部专业监理工程师、公司档案室主管人员、工程管理部一起进行档案验收工作。项目档案的验收工作应在项目通过竣工验收三个月内完成档案验收工作。项目档案的验收工作采用表格打分法进行，满分100分，合格分为80分。多人参加验收应分别打分，以平均分值计算，档案验收考核分值将计入公司对项目总监年度工作考核中。

（6）项目档案的报送。监理费用在50万元以上（含）的大、中型监理项目，其经验收合格的项目档案应由档案管理人员在工程项目竣工后三个月内向监理公司进行报送和移交，档案存放于公司，同时按有关规定办理交接手续。项目总监取得移交清单后交监理公司工程部备案。监理费用在50万元以下的小型监理项目，其经验收合格的项目档案应由档案管理人员及时向监理公司工程部进行报送和移交，档案存放于监理公司档案室，同时按有关规定办理交接手续。由监理公司工程部签发"监理项目档案移交清单"。

（7）项目档案的保存。项目档案为监理部内部资料，保管期限为长期（保存期限等于该工程的使用寿命）。监理公司建立档案室保存项目档案，由监理公司档案管理员负责档案室的日常管理工作。监理公司档案室应按规定保持适宜的储藏环境，应避光、防虫、防蛀，室内温度控制在14～24℃、室内相对湿度控制在40%～60%。项目档案的借阅工作应按监理公司受控文件的管理要求进行。项目档案的销毁应获得监理公司总工程师的书面同意。

建设工程施工阶段监理工作用表见表3-6。

表3-6 建设工程施工阶段监理工作用表

监理A类表	监理B类表	监理C类表
A1 工程开工报审表	B1 监理工程师通知单	C1 监理工作联系单
A2 施工组织设计（方案）报审表	B2 工程暂停令	C2 工程变更单
A3 分包单位资格报审表	B3 工程款支付证书	C3 监理日记
A4 工程复工报审表	B4 工程临时延期审批表	C4 旁站监理记录
A5 工程款支付申请表	B5 工程最终延期审批表	C5 总监巡视记录
A6 监理工程师通知回复表	B6 费用索赔审批表	C6 验收记录汇总
A7 工程临时延期申请表	B7 工程变更通知	C6.1 工程现场平行检验记录
A8 费用索赔申请表	B8 备忘录	C7 通知、指令、函件、资料记录汇总
A9 工程材料/构配件/设备报审表		C8 质保资料检查记录表
A10 工程竣工报验单		C9 会议纪要
A11 进场施工设备报验单		C10 工程建设监理档案
A12 施工测量放线报验单		C10.1 监理档案移交目录
A13 质量事故报告单		C10.2 监理档案审核备考表
A14 质量事故处理方案报审表		C11 监理文件报审表
A15 分项（工序）/分部/单位工程质量报验认可单		C12 文件收发记录
A16（　　）报验申请表		

任务3.2 监理用表与示例（B类）

知识目标： 1. 掌握建设工程施工阶段监理工作用表样式与填写要求
2. 掌握监理工作用表的内容与填写要求
3. 理解监理工作用表的使用环境和表格对工程的影响。

能力目标： 1. 具备识读监理工作用表的能力
2. 能规范填写监理工作用表

素质目标： 1. 养成制定措施，及时整改，处理具体问题的不放过工作态度
2. 具有规范填写、及时审批、签字盖章完整的责任担当意识

课前准备： 搜集工程事故相关新闻等资料，了解事故原因、处理结果等信息，提出自己的看法。

3.2.1 监理工程师通知单 B1

保证工程质量的管理措施

监理旁站的要求、范围、职责

混凝土工程旁站监理的检查要点

相关内容见表 3-7 和表 3-8。

表 3-7 监理工程师通知单样式

工程名称：	编号：B1_____
致：_____ 事由： 内容： 项目监理机构_____ 总/专业监理工程师_____ 日　　期_____	

注：本表一式三份，建设单位、监理单位、承包单位各存一份。

表 3-8　监理工程师通知单示例

工程名称：4 号楼工程　　　　　　　　　　　　　　　　　　　　　　　　编号：20××012

致：××省××建筑工程有限公司××中学教学楼项目部
　　事由：关于钢筋原材料送检结果不合格的通知。

　　内容：你们施工的 4 号楼工程的基础钢筋原材料送检结果不合格，应整批进行更换，要将钢筋清理出场，并要有处理去向的证明文件，以免继续危害建筑市场。

项目监理机构：××省××建设工程监理公司

总 / 专业监理工程师：　××
日　　期：　20××年3月12日

3.2.2 工程暂停令 B2

监理巡视的要求、范围、职责

相关内容见表 3-9 和表 3-10。

表 3-9　工程暂停令样式

工程名称：　　　　　　　　　　　　　　　　　　　　　　　　　　　编号：

致：_____（承包单位）
　　由于_____
_____
_____
原因，现通知你方必须于＿＿年＿＿月＿＿日＿＿＿＿时起，对本工程的＿＿＿＿＿＿＿＿＿＿部位（工序）实施暂停施工，并按下述要求做好各项工作：

项目监理机构_____
总监理工程师_____
日　　期_____

注：本表一式三份，建设单位、监理单位、承包单位各存一份。

表 3-10　工程暂停令示例

工程名称：4 号楼工程　　　　　　　　　　　　　　　　　　　　　　　　编号：20××012

致：××省××建筑工程有限公司××中学教学楼项目部（承包单位）
　　由于 钢筋原材料送检结果不合格的原因，现通知你方必须于 20××年3月15日8时起，对本工程的 基础钢筋安装 部位（工序）实施暂停施工，并按下述要求做好各项工作：
① 将该批检验不合格的钢筋全部撤离现场；
② 该批不合格的钢筋处理去向尚要有书面记录，以便于跟踪；
③ 快速采购新一批钢筋进场并抓紧送检；
④ 同时，应切实采取措施把损失的工期抢回来。

项目监理机构：××省××建设工程监理公司
总 / 专业监理工程师：　××
日　　期：　20××年3月12日

3.2.3　工程款支付证书 B3

相关内容见表 3-11。

监理平行检验的要求、范围、职责

工程监理平行检验台账

表 3-11　工程款支付证书样式

工程名称：		编号：
致：_____（建设单位） 　　根据施工合同的规定，经审核承包单位的付款申请和报表，并扣除有关款项，同意本期支付工程款共（大写）_____ （小写：_____），请按合同规定及时付款。 其中： 　1. 承包单位申报款为_____ 　2. 经审核承包单位应得款为_____ 　3. 本期应扣款为_____ 　4. 本期应付款为_____ 附件： 　1. 承包单位的工程付款申请表及附件； 　2. 项目监理机构审查记录。 　　　　　　　　　　　　　　　　　　　　　项目监理机构_____ 　　　　　　　　　　　　　　　　　　　　　总监理工程师_____ 　　　　　　　　　　　　　　　　　　　　　日　　　期_____		

注：本表一式三份，建设单位、监理单位、承包单位各存一份。

请将计算附件写在下面：
_____
_____
_____
_____
_____
_____
_____
_____
_____
_____
_____
_____
_____
_____
_____

3.2.4　工程临时延期审批表 B4

相关内容见表 3-12 和表 3-13。

监理人员的监理
内容与签字

表 3-12　工程临时延期审批表样式

工程名称：_____　　　　　　　　　　　　　　　　编号：_____

致：_____（承包单位）
　　根据施工合同条款_____条的规定，我方对你方提出的工程延期申请（第____号）要求延长工期_____日历天的要求，经过审核评估：
　　□ 暂时同意工期延长_____日历天。使竣工日期（包括已指令延长的工期）从原来的____年____月____日延长到____年____月____日。请你方执行。
　　□ 不同意延长工期，请按约定竣工日期组织施工。

说明：

　　　　　　　　　　　　　　　　　　　　　　　　　项目监理机构_____
　　　　　　　　　　　　　　　　　　　　　　　　　总监理工程师_____
　　　　　　　　　　　　　　　　　　　　　　　　　日　　　　期_____

注：本表一式三份，建设单位、监理单位、承包单位各存一份。

表 3-13　工程临时延期审批表示例

工程名称：4 号楼工程　　　　　　　　　　　　　　　　编号：20××012

致：××省××建筑工程有限公司××中学教学楼项目部（承包单位）
　　根据施工合同条款 第 15.1 条的规定，我方对你方提出的因设计图纸更改而造成的工期延误的工程延期申请（第 02 号）要求延长工期 3 日历天的要求，经审核评估：
　　☑ 暂时同意工期延长 3 日历天。使竣工日期（包括已指令延长的日期）从原来的 20×× 年 12 月 1 日延迟到 20×× 年 12 月 4 日。请你方执行。
　　□ 不同意延长工期，请按约定竣工日期组织施工。

说明：
　　因为设计图纸做出更改是建设单位强烈要求的，造成停工待图 3 天的原因是设计单位没有及时加班赶图造成的，所以不是承包单位的责任，应予以顺延工期 3 天。

　　　　　　　　　　　　　　　　　　　　　　　项目监理机构：××省××建设工程监理公司
　　　　　　　　　　　　　　　　　　　　　　　总/专业监理工程师：_____××_____
　　　　　　　　　　　　　　　　　　　　　　　日　　　　期：　20×× 年 5 月 10 日

3.2.5 工程最终延期审批表 B5

相关内容见表 3-14 和表 3-15。

表 3-14 工程最终延期审批表样式

工程名称：		编号：
致：_____（承包单位）		
根据施工合同条款_____条的规定，我方对你方提出的_工程延期申请（第_____号）要求延长工期_____日历天的要求，经过审核评估：		
□ 最终同意工期延长_____日历天，使竣工日期（包括已指令延长的工期）从原来的____年____月____日延迟到____年____月____日。请你方执行。		
□ 不同意延长工期，请按约定竣工日期组织施工。		
说明：		
	项目监理机构_____	
	总监理工程师_____	
	日　　　　期_____	

注：本表一式三份，建设单位、监理单位、承包单位各存一份。

表 3-15 工程最终延期审批表示例

工程名称：4 号楼工程	编号：20××012
致：××省××建筑工程有限公司××中学教学楼项目经理部（承包单位）	
根据施工合同条款第 15.1 条的规定，我方对你方提出的因设计图纸更改而造成的工期延误的工程延期申请（第 02 号）要求延长工期 3 日历天的要求，经审核评估：	
☑ 最终同意工期延长 3 日历天。使竣工日期（包括已指令延长的日期）从原来的 20××年 12月 1 日延迟到 20××年 12 月 4 日。请你方执行。	
□ 不同意延长工期，请按约定竣工日期组织施工。	
说明： 因为设计图纸做出更改是建设单位强烈要求的，造成停工待图 3 天的原因是设计单位没有及时加班赶图造成的，所以不是承包单位的责任，应予以顺延工期 3 天。	
	项目监理机构：××省××建设工程监理公司
	总／专业监理工程师：　　　　××
	日　　期：　20××年 5 月 10 日

3.2.6 费用索赔审批表 B6

相关内容见表 3-16 和表 3-17。

表 3-16 费用索赔审批表样式

工程名称：		编号：
致：＿＿＿＿＿＿＿＿＿＿＿＿＿＿＿（承包单位）		
根据施工合同条款＿＿＿条的规定，你方提出的＿＿＿＿＿＿＿＿＿＿＿＿＿＿＿＿＿＿＿费用索赔申请（第＿＿号），索赔（大写）＿＿＿＿＿＿＿＿＿＿＿＿＿＿。经我方审核评估：		
□ 不同意此项索赔。		
□ 同意此项索赔，金额为（大写）＿＿＿＿＿＿＿＿＿＿＿＿＿＿＿＿＿＿。		
同意/不同意索赔的理由：		
索赔金额的计算：		
	项目监理机构＿＿＿＿＿＿	
	总监理工程师＿＿＿＿＿＿	
	日　　　　期＿＿＿＿＿＿	

注：本表一式三份，建设单位、监理单位、承包单位各存一份。

表 3-17 费用索赔审批表示例

工程名称：4 号楼工程	编号：20××012
致：××省××建筑工程有限公司××中学教学楼项目部（承包单位）	
根据施工合同条款 第 36.2 条的规定，你方提出的 因设计图纸更改而造成损失 的费用索赔申请（第 03 号），索赔（大写）柒仟元人民币整，经我方审核评估：	
□ 不同意此项索赔。	
☑ 同意此项索赔，金额为（大写）柒仟元人民币整。	
同意/不同意索赔的理由： （1）因建设单位提出图纸更改较滞后，承包单位确实造成了损失； （2）责任完全不在于承包单位。	
索赔金额的计算： （1）钢筋造成浪费 230kg，每吨计 3000 元，合计 6900 元； （2）人工浪费 4 工日，每工日 25 元，合计 100 元； （3）上述二项索赔金额总合计 7000 元。	
	项目监理机构：××省××建设工程监理公司 总/专业监理工程师：　　×× 日　　　　期：20××年9月10日

3.2.7 监理工作联系单 C1

相关内容见表 3-18 和表 3-19。

表 3-18 监理工作联系单样式

工程名称：	编号：

致：_____
事由：
内容：
单　位：_____ 负责人：_____ 日　期：_____

注：施工过程中，建设、施工、设计等与监理有关各方进行工作联系的通用表。

表 3-19 监理工作联系单示例

工程名称：4 号楼工程	编号：20××012

致：××省××建筑工程有限公司
事由：我方监理部决定于 20×× 年 6 月 15 日下午 3 时在我监理部办公室召开第 10 次工地例会，届时，贵方项目经理、项目技术负责人、施工员、质检员均要准时到会参加。特此通知！
内容： 会议内容主要讨论近期施工中存在的一些模板接缝不严密、钢筋保护层垫点不够以及混凝土水灰比过大等质量通病的整治办法和控制措施，召开分析会。
单　位：××省××建设工程监理公司 负责人：　　×× 日　期：20×× 年 6 月 16 日

3.2.8 工程变更单 C2

相关内容见表 3-20 和表 3-21。

表 3-20　工程变更单样式

工程名称：　　　　　　　　　　　　　　　　　　　　　　　　编号：

致：＿＿＿＿＿＿＿＿＿＿＿＿＿＿＿＿＿＿（承包单位）
　　根据施工合同条款＿＿＿＿＿＿＿＿＿＿＿条的规定，现要求你方按＿＿＿＿＿＿＿＿＿＿＿＿＿＿＿＿变更联系单（第＿＿＿＿＿＿号），完成以下工程：

此工程是合同中所增加／替代的工程项目，现通知你取消合同中原有的以下工程项目：

附件：变更工程联系单或技术方案。

项目监理机构＿＿＿＿＿＿＿＿＿＿　　　　　　建设单位＿＿＿＿＿＿＿＿
总／专业监理工程师＿＿＿＿＿＿＿＿　　　　　建设单位代表＿＿＿＿＿＿
日　　　期＿＿＿＿＿＿＿＿＿＿　　　　　　　日　　期＿＿＿＿＿＿＿＿

注：本表一式三份，建设单位、监理单位、承包单位各存一份。

表 3-21　工程变更单示例

工程名称：4 号楼工程　　　　　　　　　　　　　　　　　　编号：20××012

致：××省××建筑设计院（设计单位）
　　由于基础土方按图纸要求挖至基底标高后的持力层土质不能满足要求的原因，兹提出基础需要作更改的工程变更（内容见附件），请予以审批。
　　附件：
　　　　《地基基槽隐蔽检查验收记录》1 份。

　　　　　　　　　　　　　　　　　　　　　提出单位：××省××建筑工程有限公司
　　　　　　　　　　　　　　　　　　　　　代 表 人：　　　　李××
　　　　　　　　　　　　　　　　　　　　　日　　期：　20××年 4 月 30 日

一致意见：
　　同意变更。

建设单位代表	承包单位代表	项目监理机构	设计单位代表
签字：李××	签字：林××	签字：赖××	签字：肖××
日期：20××.4.30	日期：20××.4.30	日期：20××.4.30	日期：20××.4.30

施工现场管理表格案例

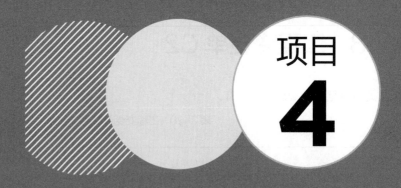

项目 4

安全资料管理（AQ类）

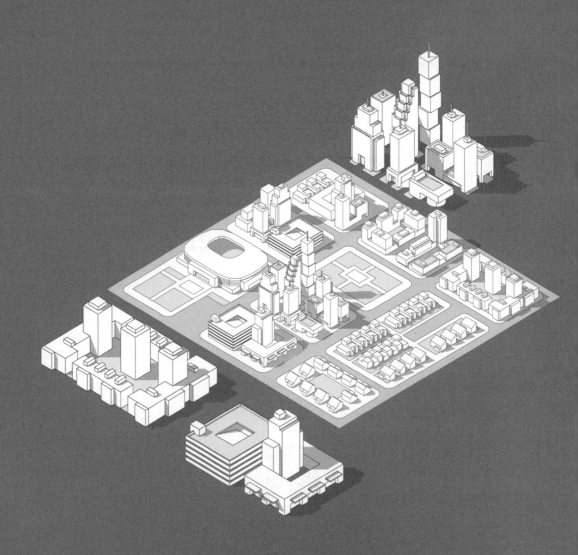

任务4.1 安全资料管理概述和分类

知识目标： 1. 熟悉施工安全资料的管理内容和要求
2. 掌握安全资料归档分类与编号
3. 掌握安全资料来源与保存单位

能力目标： 1. 能参与施工现场安全资料的收集、整理工作
2. 能搜集、整理监理安全管理资料

素质目标： 具备安全意识、规范意识、法律意识

课前准备： 搜集施工组织设计的安全方案、专项安全施工方案、安全管理台账、建筑施工安全检查标准；完成建筑施工安全技术学习内容

  安全管理资料规范化管理对施工安全有着极其重要的作用，可以使施工单位管理部门、专职管理人员、安全监管人员、建设单位、监理单位更好地进行安全管理。建设单位、监理单位、施工单位三方在施工过程中应做哪些安全管理工作？如何开展管理工作？留取哪些记录？

  建设单位应建立施工现场安全资料管理制度，监督、检查各参建单位施工现场安全资料的建立和归档工作。

  监理单位应对施工单位安全资料的形成、组卷、归档进行监督、审核。应对施工组织设计中的安全技术措施、危险性较大的分部分项工程安全专项施工方案等与施工现场的相关安全资料进行审核、签署意见，并留存相关记录。

  施工单位的总承包单位应督促检查分包单位编制施工现场安全资料。分包单位应编制、收集和整理其分包施工现场的安全资料，并向总承包单位报送。总承包单位应向监理单位提供、报送安全资料，并接受建设、监理单位的监督和检查。

  工程开工前到安监站备案需要的资料：施工组织设计（需要附带报审表签字以及盖章）；施工专项方案（需要附带报审表签字以及盖章），如脚手架、模板等；施工制度和操作规程（可盖项目章），如施工机械、塔吊等；管理人员名单；项目经理；技术负责人；安全员；安全工程师（需要公司出具任命书）；协管员（需要公司出具任命书）；施工进度计划网络图（需要盖公章）。

4.1.1 安全资料管理概述

危大工程安全管理的相关规定

4.1.1.1 建筑工程施工安全资料管理规范化的意义和目的

建筑工程施工安全资料规范化对于加强房屋建筑及市政基础设施工程施工现场安全资料的管理，提高施工现场安全生产、绿色施工的管理水平，预防和减少生产安全事故，有着重要意义。实现规范有效的安全管理必须建立一套完善的安全管理体系。明确的安全管理机构，完善的安全管理制度，才能有效全面地指导项目各级管理人员开展安全管理工作。

安全生产责任制考核和安全目标考核可以监督其他各类人员的安全责任落实情况；安全检查和安全验收可以掌握施工现场安全措施的落实情况；安全教育、安全交底、班前安全活动可以有效提高作业人员的安全意识和安全技能；系统全面的安全资料能反映施工安全管理全过程。

4.1.1.2 施工现场安全资料管理基本要求

施工现场安全资料是建筑工程各参建单位在工程建设过程中形成的有关施工安全、绿色施工的各种形式的信息记录，包括施工现场安全生产和绿色施工等资料。

各参建单位施工现场负责人应负责本单位施工现场安全资料的全过程管理工作。施工过程中施工现场安全资料的收集、整理工作应按专业分工，由专人负责。各参建单位安全资料应跟随施工生产进度形成和积累，纳入工程建设管理的全过程，并对各自资料的真实性、完整性和有效性负责。各参建单位应负责各自安全资料的收集、整理、组卷归档，并保存至工程竣工。

建设单位、监理单位、施工单位等应参加超过一定规模的危险性较大的分部分项工程专家论证；施工单位、监理单位应留存专项施工方案、论证报告，对按有关规定需要验收的危险性较大的分部分项工程，施工单位、监理单位尚应留存验收记录。施工现场安全资料应真实反映工程的实际状况。

施工现场安全资料应使用原件，因特殊原因不能使用原件的，应在复印件上加盖单位公章。施工现场安全资料的收集和整理应随工程进度同步进行，资料应真实有效。

4.1.2 施工现场安全资料分类与编号

关于安全管理资料的要求各地略有不同，例如根据《建筑工程施工现场安全资料管理规程》（DB 11383—2017），按建设单位、监理单位、施工单位进行资料分类：建设单位施工现场安全资料编号为 AQ-A 类，监理单位施工现场安全资料编号为 AQ-B 类，施工单位施工现场安全资料编号为 AQ-C 类。

4.1.2.1 建设单位的安全资料分类与编号

表 4-1 是建设单位施工现场安全资料分类与编号。

表 4-1 建设单位施工现场安全资料分类与编号

工程资料名称	表格编号（或资料来源）	保存单位				
		建设单位	监理单位	施工单位	租赁单位	大型机械设备拆装单位
建设单位施工现场安全资料						
建筑工程施工许可证	建设单位	●	●	●		
市施工现场安全监督备案登记表	表 AQ-A-1	●	●	●		
消防设计备案资料	建设单位	●	●	●		
地上、地下管线及有关地下工程的资料	表 AQ-A-2	●	●	●		
安全防护、文明施工措施费用支付保证制度	建设单位	●	●	●		
安全防护、文明施工措施费用支付统计资料	建设单位	●	●	●		
渣土消纳许可证	建设单位	●	●	●		
夜间施工审批手续	建设单位	●	●	●		
建设工程施工现场五方责任主体履责情况自查表	建设单位	●	●	●		

注："●"表示归档保存，下同。

建设工程施工现场安全资料管理规程参考资料

4.1.2.2 监理单位的安全资料分类与编号

表 4-2 是监理单位的安全资料分类与编号。

表 4-2 监理单位的安全资料分类与编号

编号	工程资料名称	表格编号（或资料来源）	保存单位				
			建设单位	监理单位	施工单位	租赁单位	大型机械设备拆装单位
AQ-B 类	监理单位施工现场安全资料						
AQ-B1	监理管理资料						
	监理合同	监理单位	●	●			
	监理规划（含安全监理方案）、安全监理实施细则	监理单位	●	●	●		
	安全监理人员岗位证书	监理单位	●	●			
	施工单位安全管理体系、安全生产考核合格证书等及审核资料	监理单位		●	●		
	施工单位的安全生产责任制、安全管理规章制度、安全生产许可证及审核资料	监理单位		●	●		
	安全专项施工方案、应急救援预案及审核资料	监理单位		●	●		

续表

编号	工程资料名称	表格编号（或资料来源）	保存单位 建设单位	监理单位	施工单位	租赁单位	大型机械设备拆装单位
AQ-B1	安全监理专题会议纪要	监理单位	●	●	●		
	安全事故隐患、安全生产问题的报告、处理意见等有关文件	监理单位	●	●	●		
	危险性较大的分部分项工程等验收资料	监理单位	●	●	●		
	监理安全工作日志	监理单位		●			
AQ-B2	监理工作记录						
	工程技术文件报审表及施工组织设计（安全技术措施）、危险性较大的分部分项工程安全专项施工方案	AQ-B2-1	●	●	●		

4.1.2.3 施工单位的安全资料分类与编号

表 4-3 是施工单位的安全资料分类与编号。

表 4-3 施工单位的安全资料分类与编号

编号	工程资料名称	表格编号（或资料来源）	保存单位 建设单位	监理单位	施工单位	租赁单位	大型机械设备拆装单位
AQ-B2	施工现场起重机械拆装报审表、施工现场起重机械联合验收表、市起重机械使用登记表、起重机械的安装、拆卸方案及拆装单位资质、定期检验报告、安全考核合格证书和特种作业人员操作书等资料	AQ-C8-2		●	●	●	●
	安全防护、文明施工措施费用支付申请	AQ-B2-2	●	●	●		
	安全防护、文明施工措施费用支付凭证	AQ-B2-3	●	●	●		
	工作联系单	AQ-B2-4		●	●		
	监理通知	AQ-B2-5	●	●	●		
	监理通知回复单	AQ-B2-6		●	●		
	工程暂停令	AQ-B2-7	●	●	●		
	工程复工报审表	AQ-B2-8	●	●	●		
	工程复工令	AQ-B2-9	●	●	●		
	监理报告	AQ-B2-10	●	●			
	联合检查记录	监理单位		●	●		

任务4.2 建设单位的安全资料内容及要求（AQ-A类）

知识目标： 1. 熟悉建设单位安全资料的基本要求
2. 掌握建设单位施工现场安全资料用表内容

能力目标： 1. 能参与现场安全资料管理工作
2. 能判断现场安全检查项目是否符合要求

素质目标： 1. 养成诚实信誉的工作态度。做到资料随工程进度同步进行，资料真实有效
2. 树立安全生产和绿色施工的思想

课前准备： 熟悉国家、行业、地方标准及规定要求，如《建筑法》《建设工程安全生产管理条例》《建设工程质量管理条例》《建设工程施工现场安全防护、场容卫生及消防保卫标准》《建设工程施工现场生活区设置和管理规程》《建设工程施工现场安全资料管理规程》及《绿色施工管理规程》等

4.2.1 建设单位施工现场安全资料（AQ-A类）基本要求

建设单位应留存市施工现场安全监督备案登记表（表AQ-A-1），消防设计备案资料，工程概况表，建设、监理、施工、分包单位及工程项目主要管理人员一览表，危险性较大的分部分项工程清单。槽、坑、沟土方开挖前，应填写并留存经建设单位、监理单位、施工单位三方共同签字、盖章认可的地上/地下管线及建（构）筑物资料移交单（表AQ-A-2）。同时应留存真实、准确、完整的施工现场及毗邻区域地上、地下管线资料、毗邻建筑物和构筑物的有关资料。建筑工程连续停工五天及以上恢复施工前或连续放假五天及以上的节假日仍需施工的，建设单位应填写并留存建设工程施工现场五方责任主体履责情况自查表（表AQ-A-3-1～表AQ-A-3-6）。建设单位应建立安全防护、文明施工措施费用支付保证制度，对支付给施工单位的安全防护、文明施工措施费用进行统计，建立支付台账。建设单位应留存渣土消纳许可证、夜间施工审批手续等资料。

4.2.2 建设单位施工现场安全资料用表

相关内容见表4-4～表4-11。

安全生产管理责任制（音频）　　建设单位现场安全资料要求和内容（音频）　　安全生产备案表内容（音频）　　建设单位的安全资料（微课视频）　　安全生产文明施工标准化管理案例

表4-4　市施工现场安全监督备案登记表（表AQ-A-1）

工程名称：

工程概况	工程名称		工程地址			
	工程规模	m²（m）	结构类型		层数	
	工程总造价	万元	工程类别			
	计划开工日期		计划竣工日期			
建设单位（盖章）		法定代表人				
		项目负责人		（手机）		
		经办人		（手机）		
施工单位（盖章）		法定代表人				
		项目负责人		（手机）		
		项目安全负责人		（手机）		
		资质等级		证书编号		
监理单位（盖章）		法定代表人				
		项目负责人		（手机）		
		资质等级		证书编号		
项目安全员		岗位证书编号		备注		
监督单位						
备注			监督注册受理机构（盖章）经办人：　　年　月　日			

注：1. 本表由建设单位填报，建设单位、监理单位、施工单位各存一份。
2. 市建设工程安全监督管理规定附表JD-1可代替此表。

表4-5　地上/地下管线及建（构）筑物资料移交单（表AQ-A-2）

地上/地下管线及建（构）筑物资料移交单		编号	
工程名称		建设单位	
施工单位		移交日期	

移交内容：

移交人：	接受人：
建设单位（章）	施工单位（章）
监理单位（章）：	总监理工程师（签字）： 　　　　　　　　　　　年　月　日

注：本表由建设单位填写，建设单位、监理单位、施工单位各存一份。

表 4-6　建设工程施工现场五方责任主体履责情况自查表（汇总表）（表 AQ-A-3-1）

建设工程施工现场五方责任主体履责情况自查表（汇总表）		编号	
工程名称			
工程地点		施工许可证号	
建设单位			
勘察单位			
设计单位			
施工总承包单位			
监理单位			

□恢复施工前自查　　　连续暂停施工的起止日期：　　年　月　日　时至　年　月　日　时
□假期施工前自查　　　假期施工的起止日期：　　　　年　月　日　时至　年　月　日　时

　　我单位已牵头，组织建设单位、勘察单位、设计单位、施工总承包单位、监理单位五方责任主体对履行施工现场安全生产管理责任情况进行了认真自查，对发现的安全隐患或管理漏洞，及时进行了整改。目前本工程已经自查整改合格，施工现场达到了（□恢复施工　□假期施工）所必需的安全生产条件。

　　此汇总表及附表 ZC-1～附表 ZC-5 已填写完整，按照要求将六表报＿＿＿＿＿＿＿＿＿＿住房城乡（市）建设委安全监督机构留存。

建设单位：

填表日期：　年　月　日
（单位公章）

说明：1. 此汇总表及各附表，五方责任主体必须保证填表容和签字盖章的真实有效。该表作为事故调查处理中追究相关方责任的重要依据。
　　　2. 此汇总表及各附表"□"处应当勾选。
　　　3. 建设单位应当于按照要求及时报告安全监督机构并留存此汇总表及各附表原件。
　　　4. 各附表单位法定代表人签字处，可加盖单位法定代表人签名章。

表 4-7　建设工程施工现场五方责任主体履责情况自查表（建设单位）（表 AQ-A-3-2）

建设工程施工现场五方责任主体履责情况自查表（建设单位）		编号	
工程名称			
建设单位			

自查项目	自查结果
是否已经履行了《建筑法》《建设工程安全生产管理条例》《建设工程质量管理条例》《市建设工程施工现场管理办法》等法律法规中建设单位的施工现场安全管理责任	□是　□否
本单位所有岗位的管理人员是否已经到位。是否已经督促施工总承包单位、监理单位所有岗位的管理人员到位	□是　□否
是否对勘察单位、设计单位、施工总承包单位、监理单位的企业资质及管理人员资格进行了审查，是否符合有关要求	□是　□否
是否已经牵头组织建设单位、勘察单位、设计单位、施工总承包单位、监理单位五方责任主体对履行施工现场安全生产管理责任进行认真自查。针对自查中发现的安全隐患或管理漏洞，是否及时进行了整改	□是　□否
是否及时支付了安全防护、文明施工措施费	□是　□否
是否存在《建筑工程施工转包分包等行为认定查处管理办法》（2019）中的发包行为	□是　□否
是否严格执行本市现行的工期定额及有关规定，不得任意压缩额工期。确需调整的，是否组织了专门论证和审定	□是　□否

续表

自查项目	自查结果
是否向施工总承包单位提供了相关的地下管线、相邻建筑物和构筑物、地下工程的有关资料	□是 □否
涉及轨道交通建设工程,是否落实了《城市轨道交通工程安全质量管理暂行办法》(建质[2010]5号)等文件对建设单位的要求	□是 □否 □不涉及
是否自觉遵守建设工程施工现场安全生产有关标准、规定及文件中对建设单位的有关要求。是否督促其他参建单位落实有关标准、规定及文件的要求	□是 □否

建设单位意见:

项目负责人签字:　　　　　　单位法定代表人签字:　　　　　　(单位公章)

表4-8　建设工程施工现场五方责任主体履责情况自查表(勘察单位)(表AQ-A-3-3)

建设工程施工现场五方责任主体履责情况自查表(勘察单位)		编号	
工程名称			
勘察单位			

自查项目	自查结果
是否已经履行了《建筑法》《建设工程安全生产管理条例》《建设工程质量管理条例》等法律法规中勘察单位的施工现场安全管理责任 提示:《建设工程安全生产管理条例》 　第十二条　勘察单位应当按照法律、法规和工程建设强制性标准进行勘察,提供的勘察文件应当真实、准确,满足建设工程安全生产的需要 　勘察单位在勘察作业时,应当严格执行操作规程,采取措施保证各类管线、设施和周边建筑物、构筑物的安全	□是 □否
涉及轨道交通建设工程,是否落实了《城市轨道交通工程安全质量管理暂行办法》(建质[2010]5号)等文件对勘察单位的要求	□是 □否 □不涉及
是否自觉遵守建设工程施工现场安全生产有关标准、规定及文件中对勘察单位的有关要求	□是 □否

勘察单位意见:
项目负责人签字:　　　　　　单位法定代表人签字:　　　　　　(单位公章)

表4-9　建设工程施工现场五方责任主体履责情况自查表(设计单位)(表AQ-A-3-4)

建设工程施工现场五方责任主体履责情况自查表(设计单位)		编号	
工程名称			
设计单位			

自查项目	自查结果
是否已经履行了《建筑法》《建设工程安全生产管理条例》《建设工程质量管理条例》等法律法规中设计单位的施工现场安全管理责任 提示:《建设工程安全生产管理条例》 　第十三条　设计单位应当按照法律、法规和工程建设强制性标准进行设计,防止因设计不合理导致生产安全事故的发生 　设计单位应当考虑施工安全操作和防护的需要,对涉及施工安全的重点部位和环节在设计文件中注明,并对预防生产安全事故提出指导意见 　采用新结构、新材料、新工艺的建设工程和特殊结构的建设工程,设计单位应当在设计中提出保障施工作业人员安全和预防生产安全事故的措施建议 　设计单位和注册建筑师等注册执业人员应当对其设计负责	□是 □否

续表

自查项目	自查结果
涉及轨道交通建设工程,是否落实了《城市轨道交通工程安全质量管理暂行办法》(建质[2010]5号)等文件对设计单位的要求	□是 □否 □不涉及
是否自觉遵守建设工程施工现场安全生产有关标准、规定及文件中对设计单位的有关要求	□是 □否

设计单位意见:
项目负责人签字:　　　　　　单位法定代表人签字:　　　　　　(单位公章)

表4-10　建设工程施工现场五方责任主体履责情况自查表(施工总承包单位)(表AQ-A-3-5)

建设工程施工现场五方责任主体履责情况自查表(施工总承包单位)		编号	
工程名称			
施工总承包单位			

自查项目	自查结果
是否已经履行了《建筑法》《建设工程安全生产管理条例》《建设工程质量管理条例》《市建设工程施工现场管理办法》等法律法规中施工总承包单位的施工现场安全管理责任	□是　□否
安全生产管理机构设立及专职安全生产管理人员配备是否符合《建筑施工企业安全生产管理机构设置及专职安全生产管理人员配备办法》(建质[2008]91号)的要求。是否督促专业承包单位、专业分包单位和劳务分包单位按照要求配备专职安全生产管理人员	□是　□否
是否存在《建筑工程施工转包分包等行为认定查处管理办法》(2019)中的转包、分包和挂靠行为	□是　□否
是否已与专业承包单位、专业分包单位和劳务分包单位签订安全生产管理协议,对其进行安全技术交底	□是　□否
是否已经按照要求对工人(尤其是新入场农民工)进行安全教育,保证受教育时间,保证培训内容符合施工现场实际情况。上岗作业的工人是否全部经过考试并合格	□是　□否
新入场农民工的安全教育,是否采用亲身实践的体验式教育模式,或是展示事故案例,以达到使农民工切身感到施工现场到所在施工环境的危险,认识到安全防护措施的重要性	□是　□否
是否按照《建设工程施工现场安全防护、场容卫生及消防保卫标准》《建设工程施工现场生活区设置和管理规程》《建设工程施工现场安全资料管理规程》《绿色施工管理规程》等国家、行业、地方标准及规定要求,对施工现场的施工安全、消防保卫、绿色施工、食品卫生管理等进行了全面的隐患排查,对发现的安全隐患进行整改,并按照规定报监理单位签字确认	□是　□否
对危险性较大的分部分项工程,是否重新组织了验收,并按照规定报监理单位签字确认,确保在施工前达到安全状态	□是　□否
塔式起重机、施工升降机、物料提升机和高处作业吊篮等投入使用前,是否督促产权单位进行检查和维护保养,是否组织产权单位等单位进行验收,并按照规定报监理单位签字确认	□是　□否
是否制定了生产安全事故应急救援预案,建立了应急救援组织或者配备应急救援人员,配备了必要的应急救援器材、设备	□是　□否
涉及轨道交通建设工程,是否落实了《城市轨道交通工程安全质量管理暂行办法》(建质[2010]5号)等文件对施工总承包单位的要求	□是　□否 □不涉及
是否自觉遵守建设工程施工现场安全生产有关标准、规定及文件中对施工总承包单位的有关要求	□是　□否

施工总承包单位意见:

项目负责人签字:　　　　　　单位法定代表人签字:　　　　　　(单位公章)

表 4-11　建设工程施工现场五方责任主体履责情况自查表（监理单位）（表 AQ-A-3-6）

建设工程施工现场五方责任主体履责情况自查表（监理单位）	编号	
工程名称		
监理单位		
自查项目	自查结果	
是否已经履行了《建筑法》《建设工程安全生产管理条例》《建设工程质量管理条例》《市建设工程施工现场管理办法》等法律法规中监理单位的施工现场安全管理责任	□是	□否
是否按照规定在施工现场配备与工程相适应并具备安全管理知识和能力的安全监理人员	□是	□否
对施工总承包单位组织的隐患排查和验收，是否进行了审查并签字确认	□是	□否
涉及轨道交通建设工程，是否落实了《城市轨道交通工程安全质量管理暂行办法》（建质[2010]5号）等文件对监理单位的要求	□是　□否 □不涉及	
是否自觉遵守建设工程施工现场安全生产有关标准、规定及文件中对监理单位的有关要求	□是	□否

监理单位意见：

项目负责人签字：　　　　　单位法定代表人签字：　　　　　（单位公章）

任务4.3 监理单位施工现场安全资料内容及要求（AQ-B类）

知识目标： 1. 熟悉建立安全管理范围、工作方式与管理责任
2. 掌握监理安全审查项目与安全生产管理工作记录
3. 掌握安全防护、文明施工措施费用审查内容与支付签证

能力目标： 1. 能搜集监理安全管理相关工作资料
2. 会写监理安全工作日志

素质目标： 1. 树立安全第一，预防为主的思想
2. 树立及时向属地建设行政主管部门报告现场安全管控情况的思想

课前准备： 熟悉施工组织设计、危大工程专项施工方案、施工现场起重机械报审等工程文件

监理安全资料主要分类（微课视频）

监理单位安全管理工作内容（微课视频）

监理单位安全管理资料的要求（音频）

4.3.1 监理单位施工现场安全资料要求

监理单位编制监理规划时，应包括安全生产管理的监理工作方案、针对危险性较大的分部分项工程的监理实施细则。

监理单位应查验并留存以下安全生产人员资料：安全监理人员安全生产教育培训证书；项目负责人、专职安全生产管理人员的安全生产考核合格证书；特种作业人员操作书；分包单位现场负责人任职证明等相关文件及审核资料。

监理单位应检查并保存施工单位安全管理体系、安全生产责任制、安全生产管理制度、安全生产许可证等相关文件及审核资料。

监理单位应查验并留存施工单位以下安全资料：施工单位施工组织设计中的安全技术措施；危险性较大的分部分项工程安全专项施工方案，超过一定规模的危险性较大的分部分项工程安全专项施工方案应附专家论证报告；应急救援预案相关资料。

监理单位应收集整理和保存施工现场安全专题会议纪要；施工现场安全隐患报告、处理意见及相关的监理文件、监理指令等有关资料；危险性较大的分部分项工程验收等资料。

安全监理人员应填写并留存监理安全工作日志。

4.3.2 监理单位安全生产管理工作记录要求

监理单位应在施工前对施工单位报送的施工组织设计（含安全技术措施）和危险性较大的分部分项工程安全专项施工方案进行审核，在工程技术文件报审表中签署意见并留存。

监理单位应按照相关规定对起重机械的安装、拆卸方案及安装、拆卸单位资质、定期检验报告、安全考核合格证书和特种作业人员操作书等资料进行查验，并在施工现场起重机械拆装报审表中签署意见。

起重机械安装完毕，监理单位应按照施工现场起重机械联合验收表会同各方进行核验并履行签字手续，验收合格后，在《市起重机械使用登记表》中签署意见，督促总承包单位办理使用登记。

监理单位在收到施工单位报送的安全防护、文明施工措施费用支付申请表后，应依据合同约定对施工单位提交的安全防护、文明施工措施费用落实情况进行审查，审核确认后签认安全防护、文明施工措施费用支付证书，并及时向建设单位提出安全防护、文明施工措施费用支付申请。

口头指令发出后施工单位未能及时消除安全隐患，监理单位应发出工作联系单，要求施工单位限期整改，监理人员按时复查整改结果，并在项目监理日志中记录。

发现安全隐患，监理单位应及时签发监理通知，要求施工单位限期整改并书面回复。监理通知应抄报建设单位。

项目监理部收到监理通知回复单后，应对整改结果及时组织复查并签署复查意见。

若发现施工现场存在重大安全隐患，总监理工程师应及时签发工程暂停令，暂停局部或全部在施工程的施工，并责令施工单位限期整改；经监理人员复查合格，总监理工程师批准后方可复工。工程暂停令应抄报建设单位。

项目监理部签发工程暂停令后，施工单位应停工进行整改，自查合格后填写工程复工报审表，经复查合格，总监理工程师批准后签发工程复工令，施工单位方可复工，并将工程复工报审表、工程复工令报建设单位。

项目监理部签发工程暂停令后，施工单位拒不整改的，且建设单位未采取有效措施，项目监理部应填写监理报告，及时向属地建设行政主管部门报告。

项目监理部会同项目经理部每月应至少对施工现场安全生产状况进行两次联合检查，形成联合检查记录。

监理单位应留存下列监理资料，包括工作联系单、监理通知、监理通知回复单、工程暂停令、工程复工报审表、工程复工令、监理报告及联合检查记录。

4.3.3 监理单位施工现场安全资料用表

相关内容见表4-12～表4-14。

表4-12 工程技术文件报审表（表AQ-B2-1）样式

工程技术文件报审表		编号	
工程名称		日期	
致_____（项目监理部）： 我方已完成工程施工组织设计/（专项）施工方案等工程技术文件的编制和审批，请予以审查。 附件：□施工组织设计 　　　□专项施工方案 　　　□施工方案 　　　□其他 　　　　　　　　　　　　　　　　　　　　　　　　　　　项目经理部（盖章） 　　　　　　　　　　　　　　　　　　　　　　　　　　　项目经理（签字）： 　　　　　　　　　　　　　　　　　　　　　　　　　　　　　　年　月　日			
审核意见： 　　　　　　　　　　　　　　　　　　　　　　　　　　　项目监理部（盖章）： 　　　　　　　　　　　　　　　　　　　　　　　　　　　专业监理工程师（签字）： 　　　　　　　　　　　　　　　　　　　　　　　　　　　总监理工程师（签字）： 　　　　　　　　　　　　　　　　　　　　　　　　　　　　　　年　月　日			
审批意见： 　　　　　　　　　　　　　　　　　　　　　　　　　　　建设单位（盖章） 　　　　　　　　　　　　　　　　　　　　　　　　　　　建设单位代表（签字）： 　　　　　　　　　　　　　　　　　　　　　　　　　　　　　　年　月　日			

注：1. 本表由施工单位填报，建设单位、监理单位、施工单位各存一份。
　　2. 建设单位仅对超过一定规模的危险性较大的分部分项工程专项施工方案签署意见。

表4-13 安全防护、文明施工措施费用支付申请表（表AQ-B2-2）样式

安全防护、文明施工措施费用支付申请表		编号	
工程名称		在施部位	

致_____（项目监理部）：

我方已落实了安全防护、文明施工措施。按施工合同规定，建设单位在___年___月___日前支付该项费用，共计

（大写）

（小写）

现报上安全防护、文明施工措施项目落实清单，请予以审查并开具费用支付证书。

附件：
　　安全防护、文明施工措施项目落实清单。

项目经理部（盖章）：　　　　　　　　　项目经理（签字）：

　　　　　　　　　　　　　　　　　　　　　　　　　年　月　日

注：本表由施工单位填报，建设单位、监理单位、施工单位各存一份。

表4-14 安全防护、文明施工措施费用支付证书（表AQ-B2-3）样式

安全防护、文明施工措施费用支付证书		编号	
工程名称		在施部位	

致_____（建设单位）：

根据施工合同规定，经审核施工单位的支付申请表，同意支付本期安全防护、文明施工措施费用，共计：
（大写）
（小写）
请按合同约定付款。
附件：
　1.施工单位付款申请表及附件（安全防护设施落实计划书）。
　2.项目监理部审查记录。

　　　　　　　　　　　　　　　　　　　专业监理工程师（签字）：

项目监理部（章）：　　　　　　　　　　总监理工程师（签字）：

　　　　　　　　　　　　　　　　　　　　　　　　　年　月　日

注：本表由监理单位填报，建设单位、监理单位、施工单位各存一份。

任务4.4 施工单位安全台账资料内容及要求

知识目标： 1. 熟悉施工单位安全资料的分类、内容、保存要求
2. 掌握施工单位施工现场安全管理台账内容
3. 掌握安全检查评分表内容

能力目标： 1. 能完成施工现场安全台账资料的搜集、整理工作
2. 能审查资料的表头，内容，结论，签章是否完整且与合同一致与实际情况一致
3. 能填写建筑安全文明施工标准化工地申报资料

素质目标： 1. 养成严谨、细致审查资料的工作习惯
2. 树立标化工地，标化管理的思想

课前准备： 阅读《建筑施工安全检查标准》内安全评分的规定

4.4.1 施工单位施工现场安全资料（AQ-C类）基本要求

施工单位施工现场安全资料包括以下内容。
① 安全管理资料。
② 生活区、办公区安全资料。
③ 绿色施工资料。
④ 工程项目脚手架资料。

安全保证体系报审表

⑤ 工程项目模板支撑体系资料。扣件式、碗扣式、承插型盘扣式钢管模板支撑体系专项施工方案及审批和专家论证资料。其他形式的支撑体系也应根据施工方案及有关规定进行验收，留存验收记录。

⑥ 工程项目安全防护资料。地基与基坑工程相关作业单位的资质和专项施工方案，超过一定规模的危险性较大的分部分项工程的专家论证资料。

⑦ 工程项目临时用电资料。临时用电施工组织设计（方案）及相关审批手续。总承包单位与分包单位必须签订并留存临时用电安全管理协议。

⑧ 工程项目塔式起重机、起重吊装资料。

⑨ 工程项目机械安全资料。

⑩ 工程项目消防保卫资料。

⑪ 施工现场检查评价。施工现场检查评价包括安全管理、生活区和办公区管理、绿色施工、脚手架、模板支撑体系、安全防护、临时用电、塔吊和起重吊装、机械安全、消防保卫十项内容。施工现场检查评价按照《市施工现场检查评分标准》（请参照当地资料）进行考核评分。

施工现场检查评价评定结果分为"优秀、优良、合格、不合格"。市施工现场检查评分记录（汇总表）分值在95分及以上，且单项检查评分结果不低于70分的，为优秀；检查汇总表总评分分值在95分以下，85分及以上，其中各单项评分表评分结果低于85分的不得超过两项，且单项检查评分结果不低于70分的，为优良；检查汇总表总评分分值在85分以下，70分及以上，为合格；市施工现场检查评分记录（汇总表）总评分分值70分以下，为不合格。

4.4.2 施工单位施工现场安全资料（AQ-C类）基本表格

施工单位施工现场安全资料名称及保存单位见表4-15。

表4-15 施工单位施工现场安全资料名称及保存单位

编号	工程资料名称	表格编号（或资料来源）	保存单位				
			建设单位	监理单位	施工单位	租赁单位	大型机械设备拆装单位
AQ-C类	施工单位施工现场安全资料						
AQ-C1							
	工程概况表	AQ-C1-1	●	●	●		
	施工组织设计	施工单位	●	●	●		
	危险性较大的分部分项工程汇总表	AQ-C1-2	●	●	●		
	危险性较大的分部分项工程专家论证表、安全专项施工方案及验收记录	AQ-C1-3	●	●	●		
	冬、雨期施工方案及审核、审批手续	施工单位		●	●		
	安全技术交底汇总表	AQ-C1-4		●	●		
	安全技术交底表	AQ-C1-5			●		
	市施工现场检查汇总表	AQ-C1-6		●	●		
	市施工现场检查评分记录（安全管理）	AQ-C1-7			●		
	市施工现场检查评分记录（生活区、办公区）	AQ-C1-8			●		
	市施工现场检查评分记录（绿色施工）	AQ-C1-9			●		

续表

编号	工程资料名称	表格编号（或资料来源）	保存单位 建设单位	保存单位 监理单位	保存单位 施工单位	保存单位 租赁单位	保存单位 大型机械设备拆装单位
	市施工现场检查评分记录（脚手架）	AQ-C1-10			●		
	市施工现场检查评分记录（模板支撑体系）	AQ-C1-11			●		
	市施工现场检查评分记录（安全防护）	AQ-C1-12			●		
	市施工现场检查评分记录（临时用电）	AQ-C1-13			●		
	市施工现场检查评分记录（塔式起重机、起重吊装）	AQ-C1-14			●		
	市施工现场检查评分记录（机械安全）	AQ-C1-15			●		
	市施工现场检查评分记录（消防保卫）	AQ-C1-16			●		
	安全检查（隐患排查）记录表	AQ-C1-17			●		
	安全隐患整改反馈表	AQ-C1-18			●		
	项目经理部安全生产责任制	施工单位		●	●		
	项目经理部安全生产组织机构图及安全管理人员名册	施工单位	●	●	●		
	项目经理部安全生产管理制度	施工单位			●		
	总分包安全生产许可证及人员安全生产考核合格证书复印件	施工单位		●	●		
	总分包安全管理协议书	施工单位		●	●		
	安全教育记录表	AQ-C1-19			●		
	安全资金投入记录	施工单位			●		
	施工现场生产安全事故登记表	AQ-C1-20	●	●	●		
	特种作业人员登记表	AQ-C1-21			●		
	地上/地下管线及建（构）筑物资料移交单、保护措施方案及验收记录表	AQ-C1-22	●	●	●		
	劳动防护用品验收记录及发放使用登记台账	AQ-C1-23			●		
	生产安全事故应急救援预案	施工单位	●	●	●		
	生产安全事故应急救援演练记录	施工单位			●		
	施工安全日志	AQ-C1-24			●		
	班组班前讲话记录	AQ-C1-25			●		
	监理通知及监理通知回复单	AQ-B2-7		●	●		
	安全警示标识相关资料	施工单位			●		
	违章处理记录台账	施工单位			●		
	带班工作记录	AQ-C1-26			●		
AQ-C2	工程项目生活区、办公区管理资料						
	生活区、办公区平面布置图	施工单位			●		

续表

编号	工程资料名称	表格编号（或资料来源）	保存单位 建设单位	监理单位	施工单位	租赁单位	大型机械设备拆装单位
	办公室、生活区、食堂、厕所等各项卫生管理制度	施工单位			●		
	生活区、办公区临建房屋消防验收表	AQ-C2-1			●		
	应急器材、药品的登记及使用记录	施工单位			●		
	传染病管理制度、急性职业中毒应急预案和卫生防疫应急预案	施工单位			●		
AQ-C3							
	工程项目绿色施工资料						
	绿色施工专项方案（控制措施）	施工单位		●	●		
	绿色施工管理机构及制度资料	施工单位			●		
	施工噪声监测记录表	AQ-C3-1			●		
	施工现场平面布置图	施工单位			●		
	材料保存、领取、使用制度	施工单位			●		
	建筑垃圾消纳资料	施工单位			●		
	绿色施工教育培训资料	施工单位			●		
	检查整改记录	施工单位			●		
AQ-C4							
	工程项目脚手架资料						
	脚手架、卸料平台施工方案及相关资料	施工单位		●	●		
	满堂脚手架验收表	AQ-C4-1		●	●		
	落地式脚手架验收表	AQ-C4-2		●	●		
	悬挑式脚手架验收表	AQ-C4-3		●	●		
	附着式升降脚手架安装验收表	AQ-C4-4		●	●		
	附着式升降脚手架提升、下降作业前验收表	AQ-C4-5		●	●		
	电梯井操作平台验收表	AQ-C4-6		●	●		
	卸料平台验收表	AQ-C4-7		●	●		
	马道验收记录表	AQ-C4-8		●	●		
AQ-C5							
	工程项目模板支架资料						
	模板支撑体系专项施工方案	施工单位		●	●		
	扣件式钢管模板支撑体系安全验收表	AQ-C5-1		●	●		
	碗扣式模板支撑体系安全验收表	AQ-C5-2		●	●		
	承插型盘扣式模板支撑体系安全验收表	AQ-C5-3		●	●		
AQ-C6							
	工程项目安全防护资料						

续表

编号	工程资料名称	表格编号（或资料来源）	保存单位				
			建设单位	监理单位	施工单位	租赁单位	大型机械设备拆装单位
	基坑专项施工方案及专家论证资料	施工单位		●	●		
	基坑支护验收表	AQ-C6-1		●	●		
	人工挖（扩）孔桩防护检查（验收）表	AQ-C6-2		●	●		
	有限空间作业审批表	AQ-C6-3		●	●		
	有限空间气体检测记录	AQ-C6-4		●	●		
AQ-C7							
	工程项目临时用电资料						
	临时用电施工组织设计及审批手续	施工单位		●	●		
	临时用电安全管理协议	施工单位			●		
	临时用电绝缘电阻测试记录	AQ-C7-1			●		
	临时用电接地电阻测试记录	AQ-C7-2			●		
	临时用电漏电保护器运行检测记录	AQ-C7-3			●		
	施工现场临时用电验收记录	AQ-C7-4		●	●		
	电工巡检维修记录	AQ-C7-5			●		
AQ-C8							
	工程项目塔式起重机、起重吊装资料						
	塔式起重机租赁、拆装管理资料	施工单位		●	●	●	●
	塔式起重机拆装统一检查验收表	AQ-C8-1		●	●		●
	起重机械安拆告知、联合验收、使用登记和检验报告	AQ-C8-2		●	●	●	●
	起重机械拆装方案、群塔作业方案及起重吊装作业专项施工方案	施工单位		●	●	●	●
	塔式起重机平面布置图	施工单位		●	●		
	塔式起重机组和信号工安全技术交底	施工单位			●	●	●
	塔式起重机月检记录	AQ-C8-3			●	●	
	起重机械运行记录	AQ-C8-4			●		
	流动式起重机械检查验收表	AQ-C8-5		●	●		
	门式、桥式起重机械检查验收表	AQ-C8-6		●	●		●
	机械设备检查维修保养记录	AQ-C8-7			●	●	
AQ-C9							
	工程项目机械安全资料						
	机械租赁合同、安全管理协议书等资料	施工单位		●	●	●	●
	施工升降机、物料提升机、电动吊篮拆装方案	施工单位		●	●	●	●
	起重机械安拆告知、联合验收、使用登记和检验报告	AQ-C8-2		●	●	●	●

续表

编号	工程资料名称	表格编号（或资料来源）	保存单位				
			建设单位	监理单位	施工单位	租赁单位	大型机械设备拆装单位
	施工升降机拆装统一检查验收表	AQ-C9-1		●	●	●	●
	施工升降机月检记录	AQ-C9-2			●	●	
	物料提升机检查验收表	AQ-C9-3		●	●	●	●
	高处作业吊篮检查验收表	AQ-C9-4		●	●	●	●
	机动翻斗车检查验收表	AQ-C9-5			●		
	打桩、钻孔机检查验收表	AQ-C9-6			●		
	挖掘机检查验收表	AQ-C9-7			●		
	装载机检查验收表	AQ-C9-8			●		
	混凝土泵检查验收表	AQ-C9-9			●	●	
	钢筋机械检查验收表	AQ-C9-10			●		
	木工机械检查验收表	AQ-C9-11			●		
	电焊机检查验收表	AQ-C9-12			●		
	混凝土布料机检查验收表	AQ-C9-13			●	●	
	其他中小型施工机具检查验收表	AQ-C9-14			●		
	机械设备检查维修保养记录	AQ-C8-7			●	●	
AQ-C10							
	工程项目消防保卫资料						
	施工现场消防重点部位登记表	AQ-C10-1			●		
	消防保卫设施、设备平面图	施工单位			●		
	现场消防保卫管理制度	施工单位			●		
	消防保卫协议	施工单位			●		
	防火技术方案	施工单位		●	●		
	灭火及应急疏散预案	施工单位		●	●		
	消防保卫管理组织机构	施工单位			●		
	施工项目消防审批备案手续	施工单位	●		●		
	消防设施器材登记台账	AQ-C10-2			●		
	消防设施器材验收、维修记录表	AQ-C10-3			●		
	消防安全教育和培训记录	施工单位			●		
	消防火灾应急演练记录	施工单位			●		
	消防安全技术交底记录	施工单位			●		
	门卫人员值班、巡查工作记录	施工单位			●		
	动火作业审批表	AQ-C10-4			●		

4.4.3 施工单位施工现场安全管理台账

施工单位施工现场安全管理台账见表4-16。

建筑工程全过程
安全资料管理台账

表4-16 施工单位施工现场安全管理台账

1. 安全管理	1.2.3 建筑施工企业安全生产规章制度清单	2. 文明施工与消防管理	3.3 基坑工程
1.1 工程基本情况	1.2.4 建设工程项目部安全管理机构网络	2.1 文明施工	3.3.1 基坑支护设计方案
1.1.1 建设工程项目安全监督登记表	1.2.5 建设工程项目部安全生产责任制	2.1.1 文明施工专项方案	3.3.2 基坑安全专项施工方案
1.1.2 建设工程项目基本情况表	1.2.6 建设工程项目部各级安全生产责任书	2.1.2 临时设施专项施工方案	3.3.3 基坑监测方案和监测报告(巡查记录)
1.1.3 证书清单	1.2.7 建设工程项目安全生产事故应急救援预案	2.1.3 文明施工验收表	3.4 模板支架工程
1.1.4 危险性较大分部分项工程清单	1.2.8 工程建设安全事故快报表	2.1.4 施工临时用房验收表	3.4.1 模板支架工程安全专项施工方案
1.1.5 危险源识别与风险评价表	1.3 安全教育与交底	2.2 消防管理	3.4.2 模板支架验收记录表
1.1.6 重大危险源动态管理控制表	1.3.1 施工现场建筑工人三级教育登记表	2.2.1 消防安全管理方案及应急预案	3.4.3 模板支架工程安全技术综合验收表
1.1.7 施工现场管理人员及资格证书登记表	1.3.2 建筑工人三级安全教育登记卡	2.2.2 消防安全检查记录表	3.4.4 模板支架工程安全技术交底记录
1.1.8 施工现场特种作业人员及操作资格证书登记表	1.3.3 项目管理人员年度安全培训登记表	2.2.3 三级动火许可证	3.4.5 模板拆除申请表
1.1.9 施工现场主要机械设备一览表	1.3.4 安全技术交底记录汇总表	2.2.4 二级动火许可证	3.4.6 钢管、扣件等材料质量证明清单
1.1.10 施工现场总平面布置图	1.3.5 安全技术交底记录表	2.2.5 一级动火许可证	3.5 脚手架工程
1.1.11 施工现场安全标志(含消防标志)平面布置图	1.3.6 民工学校有关资料	3. 安全检查与验收	3.5.1 脚手架工程安全专项施工方案
1.1.12 施工现场安全防护用具一览表	1.4 安全活动	3.1 安全检查	3.5.2 钢管扣件式脚手架安全技术综合验收表
1.1.13 施工现场安全生产文明施工措施费用预算表	1.4.1 工地安全日记	3.1.1 安全检查记录汇总表	3.5.3 悬挑式脚手架安全技术综合验收表
1.1.14 施工现场安全生产文明施工措施费用投入统计表	1.4.2 班组安全活动记录表	3.1.2 项目安全生产检查记录表	3.5.4 附着式升降脚手架安全技术综合验收表
1.2 安全规章制度	1.4.3 企业负责人施工现场带班检查记录	3.2 高处作业	3.5.5 原材料及有关设备部件的质量证明文件
1.2.1 建设工程安全生产法律、法规、规章和规范性文件清单	1.4.4 项目负责人施工现场带班记录	3.2.1 高处作业防护设施安全验收表	3.5.6 脚手架工程安全技术交底
1.2.2 建设工程安全生产技术标准、规范清单	1.4.5 各类安全专项活动实施情况检查记录表	3.2.2 "三宝"质量证明文件清单	3.5.7 脚手架拆除申请表

续表

3.5.8 高处作业吊篮安装拆卸方案	4.1.1 建筑起重机械安装拆卸专项施工方案	4.1.15 施工升降机安装验收表	4.3.1 起重吊装工程安全专项施工方案
3.5.9 高处作业吊篮安全技术综合验收表	4.1.2 建筑起重机械基础工程资料（机械名称：塔式起重机）	4.1.16 施工升降机每日使用前检查表	4.3.2 起重吊装机械安全技术综合验收表
3.5.10 高处作业吊篮安装及使用人员安全技术交底	4.1.3 建筑起重机械安全事故应急救援预案	4.1.17 施工升降机月度安全检查表	4.3.3 起重吊装机械作业试吊记录表
3.5.11 高处作业吊篮合格证及检测报告	4.1.4 建筑起重机械产权备案表	4.1.18 施工升降机交班记录表	4.3.4 起重吊装作业安全技术交底记录
3.6 施工用电	4.1.5 建筑起重机械安装（拆卸）告知表	4.1.19 物料提升机基础验收表	4.3.5 起重吊装作业人员上岗证
3.6.1 施工用电专项施工方案	4.1.6 建筑起重机械使用登记表	4.1.20 物料提升机安装自检表	4.4 施工机具
3.6.2 施工用电安全技术综合验收表	4.1.7 塔式起重机安装自检表	4.1.21 物料提升机安装验收表	4.4.1 平刨机安全技术验收表
3.6.3 接地电阻测验记录表	4.1.8 塔式起重机安装验收表	4.1.22 物料提升机每日使用前检查表	4.4.2 圆盘锯安全技术验收表
3.6.4 绝缘电阻和漏电保护器检测记录表	4.1.9 塔式起重机安全监控系统安装验收表	4.1.23 物料提升机月度安全检查表	4.4.3 钢筋机械安全技术验收表
3.7 安全防护设施	4.1.10 塔式起重机顶升加节验收表	4.1.24 其他有关资料	4.4.4 电焊机安全技术验收表
3.7.1 安全防护设施交接验收记录	4.1.11 塔式起重机每日使用前检查表	4.2 打（沉）桩机械	4.4.5 搅拌机安全技术验收表
3.7.2 安全防护用品发放记录表	4.1.12 塔式起重机月度安全检查表	4.2.1 桩基工程安全生产文明施工措施	4.4.6 挖土机械安全技术验收表
4. 建筑机械	4.1.13 建筑起重机械基础验收表	4.2.2 桩机工程安全技术综合验收表	4.4.7 施工机械操作人员上岗证
4.1 建筑起重机械	4.1.14 施工升降机安装自检表	4.3 起重吊装机械	

对建筑施工中易发生伤亡事故的主要环节、部位和工艺等的完成情况做安全检查评价时，应采用检查评分表的形式，分为安全管理、文明工地、脚手架、基坑支护与模板工程、"三宝""四口"防护、施工用电、物料提升机与外用电梯、塔吊、起重吊装和施工机具共十项分项检查评分表和一张检查评分汇总表。"三宝"是指安全帽、安全带和安全网。"四口"是指通道口、预留洞口、楼梯口、电梯井口。

在安全管理、文明施工、脚手架、基坑支护与模板工程、施工用电、物料提升机与外用电梯、塔吊和起重吊装八项检查评分表中，设立了保证项目和一般项目，保证项目应是安全检查的重点和关键。

各分项检查评分表中，满分为100分。表中各检查项目得分应为按规定检查内容所得分数之和。每张表总得分应为各自表内各检查项目实得分数之和。

在检查评分中，遇有多个脚手架、塔吊、龙门架与井字架等时，则该项得分应为各单项实得分数的算术平均值。

检查评分不采用负值。各检查项目所扣分数总和不得超过该项应得分数。

在检查评分中，当保证项目中有一项不得分或保证项目小计得分不足 40 分时，此检查评分表不应得分。

汇总表满分为 100 分。各分项检查表在汇总表中所占的满分分值应分别为：安全管理 10 分，文明施工 20 分，脚手架 10 分，基坑支护与模板工程 10 分，"三宝""四口"防护 10 分，施工用电 10 分，物料提升机与外用电梯 10 分，塔吊 10 分，起重吊装 5 分和施工机具 5 分。

建筑施工安全检查评分，应以汇总表的总得分及保证项目达标与否，作为对一个施工现场安全生产情况的评价依据，分为优良、合格、不合格三个等级。

优良：保证项目分值均应达到规定得分标准，汇总表得分值应在 80 分及其以上。

合格：保证项目分值均应达到规定得分标准，汇总表得分值应在 70 分及其以上；有一表未得分，但汇总表得分值必须在 75 分及其以上；当起重吊装检查评分表或施工机具检查评分表未得分，但汇总表得分值在 80 分及其以上。

不合格：汇总表得分值不足 70 分；有一分表未得分，且汇总表得分在 75 分以下；起重吊装检查评分表或施工机具检查评分表未得分，且汇总表得分值在 80 分以下。

安全检查评分汇总表
（微课视频）

安全管理检查评分表
（微课视频）

《建筑施工安全检查标准》
（JGJ 59—2011）

项目 5

施工单位资料

任务5.1 编制施工资料管理计划

知识目标： 1. 熟悉施工资料管理计划的编制过程
2. 掌握施工资料管理计划要点及内容
3. 掌握资料管理导则要点及内容

能力目标： 1. 能建立施工资料形成管理的流程（包括施工管理、技术、物资、施工记录、试验及检测报告、施工质量验收记录、进度、造价、分部工程质量验收、单位工程竣工验收等资料）
2. 能编制计划汇总资料目录（根据资料收集范围、施工过程、形成时间编制）
3. 能编制资料管理导则模板 [包括：资料的分类、目录、子目录、细目、资料来源、填写或编制人、审核（审批）签字等信息]

素质目标： 1. 养成建立完整的管理计划实现系统管理的工作思想
2. 培养施工资料综合管理的工作素养

课前准备： 调研、搜集某项目《施工资料管理计划书》《施工现场资料管理导则》

5.1.1 资料编制要求

建设工程归档文件是指在工程建设过程中形成的有保存价值的各种信息记录，包括施工准备阶段文件、监理文件、施工文件、竣工图、竣工验收文件。

为保证实际实施时规范、科学、方便，需要提前编制具体详细且可执行的资料管理计划。资料应分类管理，建设工程资料通常根据资料特点按照整理单位分类，按照十大分部工程（图5-1）分类，按照专业分类，按照专项分类，按照施工顺序、资料形成时间顺序编号。资料编号与《建筑工程资料管理规程》或行业、企业制定的资料编号规则一致。随着工程的进度，各部门应配合资料搜集，及时准确地填报资料，做好交接工作。

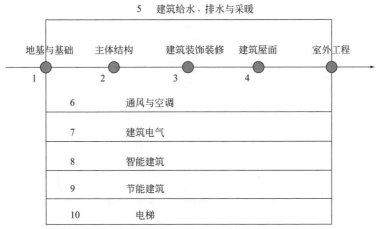

图 5-1 建设工程十大分部工程

从资料员的角度与各部门沟通,给某工程编写一份内容明确、可执行的资料管理计划书。将计划书提供给各部门项目技术负责会签,项目总工审核,审核合格的成果由项目总工给各部门负责人交底,各部门执行实施。

5.1.2 施工资料管理计划书

管理工程资料时,首先要编制资料管理策划文件、施工资料管理计划书。资料员参与编制施工资料管理计划书,技术、质量、施工等各部门参与并确认(会签),由项目总工程师审批后实施。

施工资料管理计划书应要求将资料分类成册,放在规范的资料盒中,目录清晰,并且及时跟进,内容完整齐全。相关单位应该设立防火、防雨、防盗、防潮、防虫、安全、独立的资料室。

在项目实施过程中,应注意施工资料形成的时间与批准的施工组织设计的进度计划的进度应保持一致。资料内容应该与施工方案内容一致。专业分包资料应纳入管理范围。

项目施工资料管理计划书应有封皮、目录、内容。内容一般包含以下六个方面。

(1)工程概况、相关规章制度。规范地描述工程基本信息,以保证技术资料和施工资料等各部门通用信息口径统一规范。明确资料管理的主要工作内容、目标、管理组织机构、职能分工、责任人、奖罚措施以及资料封面、目录的装订、存放、保存等要求。

(2)相关人员的资料管理业务关系。资料管理基本业务关系如图 5-2 所示。

(3)明确流水段划分。

(4)编制送检复试的材料计划,验收填写资料注意事项。试验计划要与实际一致,计划内容与图纸相对应,注意保温、防水、装修等材料的复试,复试项目资料要追踪到底。避免出现材料缺项和复试内容缺项,例如保温材料的保温、导热、燃烧等复试内容要齐全。

(5)制定分项工程和检验批的划分方案。送监理单位审核,对于相关专业验收规范中未涵盖的分项工程和检验批,由建设单位组织监理、施工等单位协商确定。

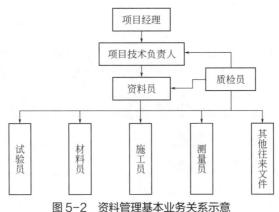

图 5-2 资料管理基本业务关系示意

（6）资料明细表。根据《建设工程文件归档规范》（GB/T 50328—2014），在施工现场整理文件时可以按照规范归档要求整理资料收集计划表，例如 C 类文件搜集计划分类按照：①施工管理文件；②施工技术文件；③进度造价文件；④施工物质出场质量证明及进场检测文件；⑤施工记录文件；⑥施工试验记录及检测文件；⑦施工质量验收文件；⑧施工验收文件；⑨竣工图（D 类文件）内容、数量；⑩竣工验收文件（E 类文件）以及文件移交、接收手续、流程。

施工资料形成的时间与批准的施工组织设计的进度计划的进度应保持一致。资料内容应该与施工方案内容一致。

将专业分包资料纳入管理范围。

相应进度、内容一致是工程申报各奖项参加评审的基础要求。在申报奖项时，更要关注资料形成和施工组织的一致性。资料员参与编制资料管理计划，技术、质量、施工等各部门参与并确认（会签），由项目总工程师审批后实施。

任务5.2 施工现场台账和立卷

知识目标： 1. 掌握施工现场管理台账名称和主要内容
2. 掌握台账表格样式

能力目标： 1. 能搜集、整理施工台账资料
2. 能编制图纸变更台账、分包单位资格审批台账、混凝土浇筑审批台账等资料

素质目标： 1. 养成及时建立施工资料台账的工作习惯
2. 养成施工资料标化管理的工作习惯

课前准备： 搜集某工程的图纸变更资料或工地现场其他台账资料

立卷是指按照一定的原则和方法，将有保存价值的工程资料分类整理成案卷的过程，亦称组卷。比较直接的外观成果就是完成有封面卷脊的档案盒装资料。

台账是施工现场比较具体详细的就某一个部门的某一个专项业务的流水账。按照具体部门不同分为仓库物资材料台账、安全生产管理台账等。台账是人工整理的明细账簿或由资料文件、票据的汇总整理的总称。当建设工程按照批准的施工组织设计进入施工阶段时，施工文件会随着施工进度逐步积累，按照时间先后形成台账。做好台账记录，可以在竣工验收时经过进一步整理将施工资料立卷归档。

施工资料可分为施工管理资料、施工技术资料、施工进度及造价资料、施工物资资料、施工记录、施工试验记录及检测报告、施工质量验收记录、竣工验收资料8类。工程竣工文件可分为竣工验收文件、竣工决算文件、竣工交档文件、竣工总结文件4类。根据《建筑工程资料管理规程》（JGJ/T 185—2009），施工资料编号宜符合下列规定：施工资料编号可由分部、子分部、分类、顺序号4组代号组成，组与组之间应用横线隔开。

$$\underset{①}{××}-\underset{②}{××}-\underset{③}{××}-\underset{④}{×××}$$

其中：①为分部工程代号；②为子分部工程代号；③为资料的类别编号；④为顺序号。可根据相同表格、相同检查项目，按形成时间顺序填写。

属于单位工程整体管理内容的资料，编号中的分部、子分部工程代号可用"00"代替。例如：00-00-B1-001表示单位工程整体管理资料监理规划第1个文件［提示：B1-001代表的编号可以查阅《建设工程文件归档规范》（GB/T 50328—2014）附录A］。

例如：00-00-A1-001,表示单位工程准备阶段文件立项文件（A1）的第一项文件项目建议书；00-00-A2-001,表示单位工程准备阶段文件——建设用地拆迁文件（A2）的第一项文件"选址申请"。

同一厂家、同一品种、同一批次的施工物资用在两个分部、子分部工程中时，资料编号中的分部、子分部工程代号可按主要使用部位填写。工程资料的编号应及时填写，专用表格的编号应填写在表格右上角的编号栏中；对于非专用表格，应在资料右上角的适当位置注明资料编号。

任务5.3 执行施工资料管理计划（C类）

知识目标：1. 掌握施工资料C1～C8类表格适用条件、使用范围
2. 掌握施工资料C1～C8类表格样式和填写要求

能力目标：1. 能理解表格中的技术，标准、要求等专业术语
2. 能规范填写、管理C1～C8类表格

素质目标：1. 养成填写工程资料表格的工作习惯
2. 树立标化工地，标化管理的思想

课前准备：图书馆借阅施工资料C1～C8类表格填写案例类书籍；调研搜集资料室表格填写资料

执行施工资料管理计划思维导图如图 5-3 所示。

施工资料内容提要（音频）

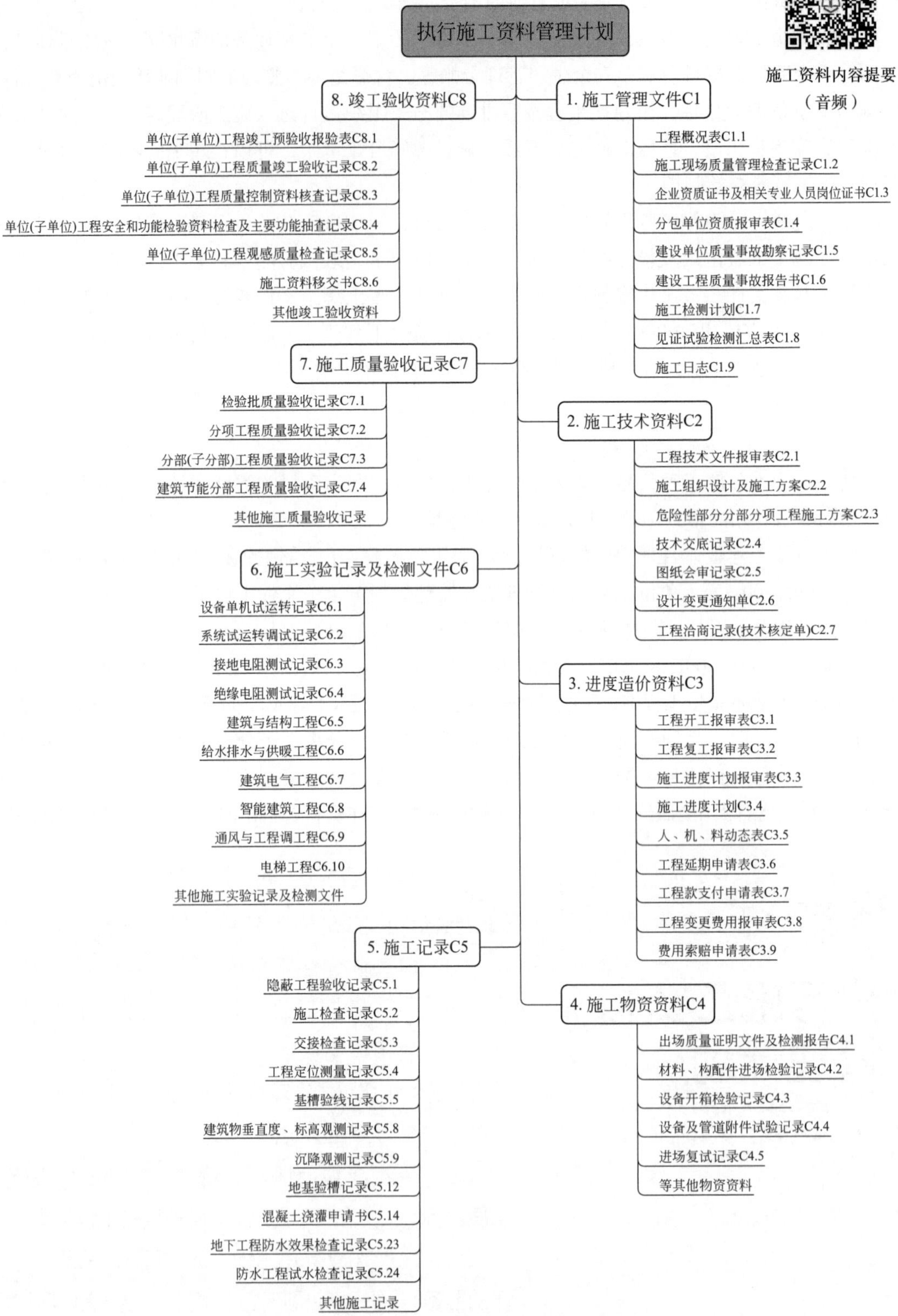

执行施工资料管理计划

8. 竣工验收资料C8
- 单位(子单位)工程竣工预验收报验表C8.1
- 单位(子单位)工程质量竣工验收记录C8.2
- 单位(子单位)工程质量控制资料核查记录C8.3
- 单位(子单位)工程安全和功能检验资料检查及主要功能抽查记录C8.4
- 单位(子单位)工程观感质量检查记录C8.5
- 施工资料移交书C8.6
- 其他竣工验收资料

7. 施工质量验收记录C7
- 检验批质量验收记录C7.1
- 分项工程质量验收记录C7.2
- 分部(子分部)工程质量验收记录C7.3
- 建筑节能分部工程质量验收记录C7.4
- 其他施工质量验收记录

6. 施工实验记录及检测文件C6
- 设备单机试运转记录C6.1
- 系统试运转调试记录C6.2
- 接地电阻测试记录C6.3
- 绝缘电阻测试记录C6.4
- 建筑与结构工程C6.5
- 给水排水与供暖工程C6.6
- 建筑电气工程C6.7
- 智能建筑工程C6.8
- 通风与工程调试C6.9
- 电梯工程C6.10
- 其他施工实验记录及检测文件

5. 施工记录C5
- 隐蔽工程验收记录C5.1
- 施工检查记录C5.2
- 交接检查记录C5.3
- 工程定位测量记录C5.4
- 基槽验线记录C5.5
- 建筑物垂直度、标高观测记录C5.8
- 沉降观测记录C5.9
- 地基槽记录C5.12
- 混凝土浇灌申请书C5.14
- 地下工程防水效果检查记录C5.23
- 防水工程试水检查记录C5.24
- 其他施工记录

1. 施工管理文件C1
- 工程概况表C1.1
- 施工现场质量管理检查记录C1.2
- 企业资质证书及相关专业人员岗位证书C1.3
- 分包单位资质报审表C1.4
- 建设单位质量事故勘察记录C1.5
- 建设工程质量事故报告书C1.6
- 施工检测计划C1.7
- 见证试验检测汇总表C1.8
- 施工日志C1.9

2. 施工技术资料C2
- 工程技术文件报审表C2.1
- 施工组织设计及施工方案C2.2
- 危险性较大部分分部分项工程施工方案C2.3
- 技术交底记录C2.4
- 图纸会审记录C2.5
- 设计变更通知单C2.6
- 工程洽商记录(技术核定单)C2.7

3. 进度造价资料C3
- 工程开工报审表C3.1
- 工程复工报审表C3.2
- 施工进度计划报审表C3.3
- 施工进度计划C3.4
- 人、机、料动态表C3.5
- 工程延期申请表C3.6
- 工程款支付申请表C3.7
- 工程变更费用报审表C3.8
- 费用索赔申请表C3.9

4. 施工物资资料C4
- 出场质量证明文件及检测报告C4.1
- 材料、构配件进场检验记录C4.2
- 设备开箱检验记录C4.3
- 设备及管道附件试验记录C4.4
- 进场复试记录C4.5
- 等其他物资资料

图 5-3　执行施工资料管理计划思维导图

5.3.1 施工管理文件 C1

施工管理文件（C1 类）见表 5-1.

表 5-1 施工管理文件（C1 类）

类别	归档文件	保存单位				
		建设单位	设计单位	施工单位	监理单位	城建档案馆
C1	施工管理文件					
C1.1	工程概况表	▲		▲	▲	△
C1.2	施工现场质量管理检查记录			△	△	
C1.3	企业资质证书及相关专业人员岗位证书	△		△	△	△
C1.4	分包单位资质报审表	▲		▲	▲	
C1.5	建设单位质量事故勘察记录	▲		▲	▲	▲
C1.6	建设工程质量事故报告书	▲		▲	▲	▲
C1.7	施工检测计划	△		△	△	
C1.8	见证试验检测汇总表	▲		▲	▲	▲
C1.9	施工日志			▲		

注：1. 表中符号"▲"表示必须归档保存；"△"表示选择性归档保存。
2. 表中按顺序分别是建设单位、设计单位、施工单位、监理单位、城建档案馆。

施工文件（C 类）如图 5-4 所示。

(a) 封面　　　　　　　　　　　　(b) 目录

图 5-4　施工文件（C 类）

施工文件中的 C1 类文件是施工管理文件，包括 9 个应归档的文件：工程概况表、施工现场质量管理检查记录、企业资质证书及相关专业人员岗位证书、分包单位资质报审表、建设单位质量事故勘察记录、建设工程质量事故报告书、施工检测计划、见证试验检测汇总表、施工日志。

进行资料整理时应做好封面设计，明确本册资料的范围、内容和主要信息，便于查阅使用。

通过文本编制,从工作实物上体会资料编制的工作特点。第一步:观看并模拟编制纸质文本实物。第二步:将纸质文本整理成册。

C1 类文件整理秩序如图 5-5 所示。

图 5-5　C1 类文件整理秩序示意

工程概况表填写指导(音频)

相关内容见表 5-2～表 5-10。

表 5-2　工程概况表填写知识技能

文件名称	工程概况表
保存数量	4 份
保存单位	建设单位、施工单位、监理单位、城建档案馆
签字	—
表格来源	《建筑工程资料管理规程》(JGJ/T 185—2009)
如何获得表格应填写的内容	查阅合同、施工图,特别是施工图的设计说明条文

续表

文件名称	工程概况表
基础知识与填写技能	（1）结构类型。根据受力特点分为：框架结构、剪力墙结构、框架剪力墙等结构 （2）构造特征。构造特征需要查阅施工图的设计说明填写相关信息描述做法或罗列要点 （3）机电系统。建设给排水、采暖、电气安装及智能建筑系统简要描述。罗列出配电系统的名称；罗列出与消防、应急、智能化相关的系统的名称
填写	（1）"—"符号表示无此项。没有此项也可以空着不填 （2）计划开工日期写某年月日 （3）具体数据要写单位如"m²""m"等

表5-3　工程概况表样式

工程名称		×××		编号	
一般情况	建设单位				
	建设用途		设计单位		
	建设地点		勘察单位		
	建筑面积		监理单位		
	工期		施工单位		
	计划开工日期		计划竣工日期		
	结构类型	框架	基础类型	独立基础	
	层数	地下1层、地上3层	建筑檐高	20.4m	
	地上面积		地下室面积		
	人防等级	—	抗震等级	抗震设防烈度6度	
构造特征	地基与基础				
	柱、内外墙				
	梁、板楼、盖				
	外墙装饰				
	内墙装饰				
	楼地面装饰				
	屋面构造				
	防火设备				
建设给排水、采暖、电气安装及智能建筑系统简要描述					
其他					

表5-4　施工现场质量管理检查记录填写知识技能

文件名称	施工现场质量管理检查记录
保存数量	2份
保存单位	此表不归档，但是施工单位、监理单位要保存备查
签字	总监理工程师或建设单位项目负责人
表格来源	《建筑工程资料管理规程》（JGJ/T 185—2009）附录C中表C.1.2

续表

文件名称	施工现场质量管理检查记录
如何获得表格应填写的内容	这是一个由施工单位准备检查项目内容，监理单位检查并给出检查结论的表格。需要了解满足哪些条件可以开工，以便及时做好准备工作 此表是对项目开工时现场质量管理制度等的全面检查记录
基础知识与填写技能	（1）项目部质量、安全例会制度：从制度上确定项目管理工作方式。检查分析工程项目质量，安全状态，针对存在问题提出整改措施。总结上周质量、安全、进度、工程量情况；布置下一阶段任务 （2）项目部评比及奖罚制度：项目经理部按项目工资总额的5%作为质量、安全奖励基金，由项目质量、安全管理领导小组考核使用。规定考核对象（如科室、工段班组）和考核内容 （3）工序三检及交检制度：每一道工序要进行三次检查，上道工序验收不合格，不得进行下道工序施工。班组长、项目部施工质量管理人员（专检）、监理（必要时由监理组织业主、设计、质监等有关部门代表参加验收）签字 ① 自检。各分项工程自检，班组长检查 ② 互检。对连续作业的工作，实行交接班制度，各个施工环节，上一班人员必须对接班人员进行质量、技术、数据交接（交底），并做好交接记录，保证施工质量不受影响。班组长做交接检查签字 ③ 专检。所有分项工程、隐检、预检项目，必须按程序，作为一道工序，邀请专检人员进行质量检验评定
填写	（1）主要制度、措施、上岗证、资料名称需要罗列出来。检查是否有、是否齐全 （2）是否有审批手续 （3）相关的标准、规范应准备齐全

表5-5 分包单位资质报审表填写知识技能

文件名称	分包单位资质报审表
保存数量	3份
保存单位	建设单位、施工单位、监理单位
签字	总监理工程师或建设单位项目负责人
表格来源	《建筑工程资料管理规程》（JGJ/T 185—2009）
如何获得表格应填写的内容	此报审表由项目经理部盖章，项目经理签字，和附件一起交专业监理工程师审查签字，再交总监理工程师签字，监理单位盖章
基础知识与填写技能	提交资料包括：报审表＋附件 其中附件应包括以下资料：①分包单位资质资料；②分包单位业绩资料；③分包单位专职管理人员和特种作业人员的资格证书；④施工单位对分包单位的管理制度 项目经理检查核实后，应由专业监理工程师和总监理工程师审查是否齐全有效，分包单位是否具有相应的施工能力
填写	具体指出资料是否齐全，是否具有施工能力，并签字、盖单位章

表5-6 建设单位质量事故勘察记录填写知识技能

文件名称	建设单位质量事故勘察记录
保存数量	4份
保存单位	建设单位、施工单位、监理单位、城建档案馆
签字	总监理工程师或建设单位项目负责人
表格来源	《建筑工程资料管理规程》（JGJ/T 185—2009）
如何获得表格应填写的内容	时间、地点、参加人员、陪同参加人员信息、证物、证据、被调查人信息，各方签字。调查记录内容

续表

文件名称	建设单位质量事故勘察记录
基础知识与填写技能	一般是因为工程质量不合格从而引发的安全事故，或自然灾害事故，或者是操作不当而引起的事故，按事故造成损失程度一般分为三级 　　《建设工程质量管理条例》第 52 条规定，建设工程发生质量事故，有关单位应当在 24h 内向当地建设行政主管部门和其他有关部门报告。对重大质量事故，事故发生地的建设行政主管部门和其他有关部门应当按照事故类别和等级向当地人民政府和上级建设行政主管部门及其他有关部门报告。特别重大质量事故的调查程序按照国务院有关规定办理 　　凡是工程质量不合格，必须进行返修，进行加固或报废处理，由此造成直接经济损失在 5000 元以上的称为质量事故。低于 5000 元的称为质量问题。根据我国《质量管理体系　基础和术语》(GB/T 19000—2016）的规定，凡工程产品没有满足某个规定的要求，就称为质量不合格；而没有满足某个预期使用要求或合理期望的要求，称为质量缺陷 　　按事故造成损失程度分级如下 　　(1) 特别重大事故，是指造成 30 人以上死亡，或者 100 人以上重伤，或者 1 亿元以上直接经济损失的事故 　　(2) 重大事故，是指造成 10 人以上 30 人以下死亡，或者 50 人以上 100 人以下重伤，或者 5000 万元以上 1 亿元以下直接经济损失的事故 　　(3) 较大事故，是指造成 3 人以上 10 人以下死亡，或者 10 人以上 50 人以下重伤，或者 1000 万元以上 5000 万元以下直接经济损失的事故 　　(4) 一般事故，是指造成 3 人以下死亡，或者 10 人以下重伤，或者 100 万元以上 1000 万元以下直接经济损失的事故。 　　以上包括本数，以下不包括本数
填写	调查单位填写，监理单位陪同。现场照片。各方签字

表 5-7　建设工程质量事故报告书填写知识技能

文件名称	建设工程质量事故报告书
保存数量	4 份
保存单位	建设单位、施工单位、监理单位、城建档案馆
签字	总监理工程师或建设单位项目负责人
表格来源	《建筑工程资料管理规程》(JGJ/T 185—2009)
如何获得表格应填写的内容	经过、后果、原因。措施、处理意见、处理效果
基础知识与填写技能	《建设工程质量管理条例》于 2000 年 1 月 30 日发布实施，最新修改版时间是 2019 年 4 月 23 日 　　常见质量问题有三类：质量缺陷、质量问题、质量事故。一般有混凝土浇筑质量事故、砌筑质量事故以及钢筋工程、防水工程、地基处理等质量事故。质量事故会导致经济损失与安全管理问题。项目经理是第一责任人。在施工过程中一定要做好事前、事中、事后控制。质量事故发生后应该及时查处事责任人，做到三不伤害：不伤害自己，不伤害他人，不被他人伤害。四不放过：事故原因未查清楚不放过；事故责任者和周围的群众未受到教育不放过；未制定防止事故重复发生的措施不放过；事故责任者不受处理不放过
填写	调查单位填写，监理单位陪同；现场照片；负责人、报告人签字

表 5-8　施工检测计划填写知识技能

文件名称	施工检测计划
保存数量	4 份（选择性存档）
保存单位	建设单位、施工单位、监理单位、城建档案馆
签字	总监理工程师或建设单位项目负责人
表格来源	《建筑工程资料管理规程》(JGJ/T 185—2009) 附录 C 中表 C.1.4
如何获得表格应填写的内容	按公司规定

表5-9 见证试验检测汇总表填写知识技能

文件名称	见证试验检测汇总表
保存数量	4份（选择性存档）
保存单位	建设单位、施工单位、监理单位、城建档案馆
签字	制表人
表格来源	《建筑工程资料管理规程》（JGJ/T 185—2009）
如何获得表格应填写的内容	见证取样、平行检验

表5-10 施工日志填写知识技能

文件名称	施工日志
保存数量	1份
保存单位	施工单位
签字	总监理工程师或建设单位项目负责人
表格来源	《建筑工程资料管理规程》（JGJ/T 185—2009）
如何获得表格应填写的内容	经过、后果、原因。措施、处理意见、处理效果
基础知识与填写技能	施工日志是反映资料追溯的原始资料，进行当日材料进场和报验追踪的依据，非常重要 内容要全面：注意填写天气、部位，当日材料进场、质量验收等内容；签字人员各司其职，避免杂乱，记录人及时签字

5.3.2 施工技术文件 C2

施工技术文件填写指导（音频）

施工文件中的 C2 类文件是施工技术文件，包括 7 个应归档的文件，见表 5-11。

表5-11 施工技术文件 C2 的主要文件和保存单位

类别	归档文件	保存单位				
		建设单位	设计单位	施工单位	监理单位	城建档案馆
C2	施工技术文件					
1	工程技术文件报审表	△		△	△	
2	施工组织设计及施工方案	△		△	△	△
3	危险性较大分部分项工程施工方案	△		△	△	△
4	技术交底记录	△		△		
5	图纸会审记录	▲	▲	▲	▲	▲
6	设计变更通知单	▲	▲	▲	▲	▲
7	工程洽商记录（技术核定单）	▲	▲	▲	▲	▲

注：表中符号"▲"表示必须归档保存；"△"表示选择性归档保存。表中按顺序分别是建设单位、设计单位、施工单位、监理单位、城建档案馆。

施工单位在工程项目开工前应将编制好的工程技术文件，经过施工单位技术部门审查签认，并由施工单位总工或项目技术负责人审查批准后，填写工程技术文件报审表报送项目监理部(表5-12)。通常需要由监理单位审批的技术文件有施工组织设计、(专项)施工方案、危险性较大分部分项工程施工方案等技术文件。工程技术文件报审有时限规定,即工程项目开工前,施工和监理单位均应按照施工合同或约定的时限要求完成各自的报送和审批工作。施工单位填报的工程技术文件报审表应一式三份,并应由建设单位、监理单位、施工单位各保存一份。

表5-12 工程技术文件报审表填写知识技能

文件名称	工程技术文件报审表
保存数量	2份
保存单位	施工单位、监理单位
签字	项目经理、专业监理工程师、总监理工程师
表格来源	《建筑工程资料管理规程》(JGJ/T 185—2009)
如何获得表格应填写的内容	根据规范以及单位要求拟订
基础知识与填写技能	施工组织设计按设计阶段和编制对象不同,分为施工组织总设计、单位工程施工组织设计和施工方案三类 (1)施工组织总设计。施工组织总设计是以若干单位工程组成的群体工程或特大型项目为主要对象编制的施工组织设计。施工组织总设计一般在建设项目的初步设计或扩大初步设计批准之后,总承包单位在总工程师领导下进行。建设单位、设计单位和分包单位协助总承包单位工作。 施工组织总设计是对整个项目的施工过程起统筹规划、重点控制的作用。其任务是确定建设项目的开展程序,主要建筑物的施工方案,建设项目的施工总进度计划、资源需用量计划及施工现场总体规划等 (2)单位工程施工组织设计。单位工程施工组织设计是以单位(子单位)工程为主要对象编制的施工组织设计,对单位(子单位)工程的施工过程起指导和约束作用。单位工程施工组织设计是施工图纸设计完成之后、工程开工之前,在施工项目负责人领导下进行编制的 (3)施工方案。施工方案是以分部(分项)工程或专项工程为主要对象编制的施工技术与组织方案,用以具体指导其施工过程。施工方案由项目技术负责人负责编制。 对重点、难点分部(分项)工程和危险性较大工程的分部(分项)工程,施工前应编制专项施工方案;对于超过一定规模的危险性较大的分部(分项)工程,应当组织专家对专项方案进行论证
填写	按单位模板如实填写即可

5.3.3 进度造价资料 C3

工程开工报审表
填写指导(音频)

施工文件中的C3类文件是进度造价资料,包括9个应归档的文件。需注意施工单位必须归档的有工程开工报审表、工程复工报审表以及工程延期申请表。

相关内容见表5-13~表5-17。

表5-13 进度造价资料C3的主要文件和保存单位

类别	归档文件	保存单位				
		建设单位	设计单位	施工单位	监理单位	城建档案馆
C3	进度造价资料					
1	工程开工报审表	▲	▲	▲	▲	▲
2	工程复工报审表	▲	▲	▲	▲	▲
3	施工进度计划报审表			△	△	

续表

类别	归档文件	保存单位				
		建设单位	设计单位	施工单位	监理单位	城建档案馆
4	施工进度计划			△	△	
5	人、机、料动态表			△	△	
6	工程延期申请表	▲		▲	▲	▲
7	工程款支付申请表	▲		△	△	
8	工程变更费用报审表	▲		△	△	
9	费用索赔申请表	▲		△	△	

注：1. 表中符号"▲"表示必须归档保存；"△"表示选择性归档保存。
2. 表中按顺序分别是建设单位、设计单位、施工单位、监理单位、城建档案馆。

表5-14　人、机、料动态表填写知识技能

文件名称	人、机、料动态表
保存数量	2份
保存单位	施工单位、监理单位
签字	项目经理
表格来源	《建筑工程资料管理规程》（JGJ/T 185—2009）附录C中表C.3.5
规范的网址	
如何获得表格应填写的内容	根据规范以及单位要求拟订
基础知识与填写技能	需掌握施工组织设计
填写	按单位模板如实填写即可

表5-15　人、机、料动态表示例

工程名称	温州市××职业技术学院教学楼			编号	××
				日期	××
提出单位	温州市××建筑研究设计院			专业名称	××

至×××监理有限责任公司：
根据××年××月施工进度情况，我方现上报该月人、机、料统计表

劳动力	工种	混凝土工	模板工	钢筋工	防水工	电工	水暖工	合计
	人数	27	35	48	21	6	6	143
	持证人数	27	33	45	21	6	6	138
	……	……	……	……	……	……	……	……

主要机械	机械名称	生产厂家	规格、型号	数量
	塔式起重机	××	××	××
	振捣棒	××	××	××
	电焊机	××	××	××

续表

	名称	单位	上月库存量	本月进厂量	本月消耗量	本月库存量
主要材料	预拌混凝土	m³	××	××	××	××
	钢筋	t	××	××	××	××
	砌块	m³	××	××	××	××

附件：塔式起重机安检资料及特殊工种上岗证复印件

施工单位 ××× 建筑安装有限公司
项目经理：_____

表5-16 工程变更费用报审表填写知识技能

文件名称	工程变更费用报审表
保存数量	3份
保存单位	建设单位、监理单位、施工单位
签字	施工项目经理、专业监理工程师、总监理工程师、建设单位
表格来源	《建筑工程资料管理规程》（JGJ/T 185—2009）
规范的网址	
如何获得表格应填写的内容	根据规范以及单位要求拟订
基础知识与填写技能	依据《建设工程监理规范》（GB 50319—2013）的有关规定：施工单位提出的工程变更，由总监理工程师组织专业监理工程师审查，提出审查意见。对涉及工程设计文件修改的工程变更，应由建设单位转交原设计单位修改工程设计文件。必要时，项目监理机构应建议建设单位组织设计、施工等单位召开论证工程设计文件的修改方案的专题会议。总监理工程师组织专业监理工程师对工程变更费用及工期影响做出评估；总监理工程师组织建设单位、施工单位等共同协商确定工程变更费用及工期变化，会签工程变更单。项目监理机构根据批准的工程变更文件监督施工单位实施工程变更
填写	按单位模板如实填写即可

表5-17 工程变更费用报审表示例

工程名称	温州市××职业技术学院教学楼	施工编号	×××

致 ××× 监理有限责任公司
兹申报第××号工程变更单，申请费用见附表，请予以审核
附件：工程变更费用计算书

施工项目经理部（盖章）_____
项目经理_____

审查意见：
（1）所报工程量符合工程实际
（2）涉及的工程内容符合《工程变更单》内容
（3）定额项目选用准确，单价、合价计算正确
同意施工单位提出的变更费用申请

专业监理工程师（签字）_____
××年××月××日

续表

工程名称	温州市××职业技术学院教学楼	施工编号	×××

审查意见：

　　　　　　　　　　　　　　　　　　　　　　　　监理单位（盖章）_____
　　　　　　　　　　　　　　　　　　　　　　　　总监理工程师（签字、加盖执业印章）_____
　　　　　　　　　　　　　　　　　　　　　　　　××年××月××日

审批意见：

　　　　　　　　　　　　　　　　　　　　　　　　建设单位（盖章）_____
　　　　　　　　　　　　　　　　　　　　　　　　建设单位代表（签字）_____
　　　　　　　　　　　　　　　　　　　　　　　　××年××月××日

5.3.4　施工物资资料 C4

施工物资资料填写指导（音频）

施工物资主要有建筑材料、成品、半成品、构配件、设备等，施工物资资料是工程中所用物资质量和性能指标等的各种证明文件及相关配套文件的统称。

质量证明文件反映了工程物资的品种、规格、数量、性能指标等，出场质量证明文件包括产品合格证、质量认定证书、检验报告、试验报告、产品生产许可证、质量保证书等。质量证明文件的复印件应与原件内容一致，加盖原件存放单位公章，注明原件存放处，并由经办人签字。如果质量证明为传真件，则应转换成为复印件再保存。

建筑工程物资进场应进行现场验收，并有进场验收记录；涉及安全、功能的有关物资应按工程施工质量验收规范及相关规定进行复试或有见证取样送检，有相应检验报告。

工程物资进场需工程物资供应单位提交出厂证明文件及检测报告，施工单位收集保存。

相关内容见表 5-18～表 5-24。

表 5-18　施工物资资料 C4 的主要文件和保存单位

类别	归档文件	保存单位				
		建设单位	设计单位	施工单位	监理单位	城建档案馆
C4	出场质量证明文件及检测报告					
1	砂、石、砖、水泥、钢筋、隔热保温材料、防腐材料、轻骨料出厂证明文件	▲		▲	▲	△
2	其他物资出厂合格证、质量保证书、检测报告和报关单或商检证等	△		▲	△	
3	材料、设备的相关检验报告、型式检测报告、3C 强制认证合格证书或 3C 标志	△		▲	△	
4	主要设备、器具的安装使用说明书	▲		▲	△	
5	进口的主要材料设备的商检证明文件	△		▲		
6	涉及消防、安全、卫生、环保、节能的材料、设备的检测报告或法定机构出具的有效证明文件	▲		▲	▲	△
7	其他施工物资产品合格证、出厂检验报告					

续表

类别		归档文件	保存单位				
			建设单位	设计单位	施工单位	监理单位	城建档案馆
		进场检验通用表格					
	1	材料、构配件进场检验记录			△	△	
	2	设备开箱检验记录			△	△	
	3	设备及管道附件试验记录	▲		▲	△	
		进场复试报告					
	1	钢材试验报告	▲		▲	▲	▲
	2	水泥试验报告	▲		▲	▲	▲
	3	砂试验报告	▲		▲	▲	▲
	4	碎(卵)石试验报告	▲		▲	▲	▲
	5	外加剂试验报告	△		▲	▲	▲
	6	防水涂料试验报告	▲		▲	△	
	7	防水卷材试验报告	▲		▲	△	
	8	砖(砌块)试验报告	▲		▲	▲	▲
	9	预应力筋复试报告	▲		▲	▲	▲
	10	预应力锚具、夹具和连接器复试报告	▲		▲	▲	▲
	11	装饰装修用门窗复试报告	▲		▲	△	
	12	装饰装修用人造木板复试报告	▲		▲	△	
	13	装饰装修用花岗石复试报告	▲		▲	△	
	14	装饰装修用安全玻璃复试报告	▲		▲	△	
	15	装饰装修用外墙面砖复试报告	▲		▲		
	16	钢结构用钢材复试报告	▲		▲		▲
	17	钢结构用防火涂料复试报告	▲		▲	▲	▲
	18	钢结构用焊接材料复试报告	▲		▲		
	19	钢结构用高强度大六角头螺栓连接副复试报告	▲		▲		▲
	20	钢结构用扭剪型高强螺栓连接副复试报告	▲		▲		▲
	21	幕墙用铝塑板、石材、玻璃、结构胶复试报告	▲		▲		▲
	22	散热器、供暖系统保温材料、通风与空调工程绝热材料、风机盘管机组、低压配电系统电缆的见证取样复试报告	▲		▲		▲
	23	节能工程材料复试报告	▲		▲		▲
	24	其他物资进场复试报告					

注:1.表中符号"▲"表示必须归档保存;"△"表示选择性归档保存。
2.表中按顺序分别是建设单位、设计单位、施工单位、监理单位、城建档案馆。

表 5-19 《材料、构配件进场检验记录》填写知识技能

文件名称	材料、构配件进场检验记录
保存数量	2份
保存单位	监理单位、施工单位
签字	监理工程师、项目专业技术负责人、施工员、质检员
表格来源	《建筑工程资料管理规程》（JGJ/T 185—2009）
如何获得表格应填写的内容	根据规范以及单位要求拟订
基础知识与填写技能	材料、构配件进场检验记录应符合国家现行有关标准的规定。材料构配件进场后应由建设（监理）单位会同施工单位共同对进场物资进行检查验收，填写《材料、构配件进场检验记录》。检查验收的主要内容包括：（1）物资出厂质量证明文件及检（测）验报告是否齐全；（2）实际进场物资数量、规格和型号等是否满足设计和施工计划要求；（3）物资外观质量是否满足设计要求和规范规定；（4）按规定需进行抽检的材料、构配件是否抽检，检验结论是否齐全；（5）按规定应进场复试的物资，必须在进场验收合格后取样复试
填写	按单位模板如实填写即可

表 5-20 材料、构配件进场检验记录示例

工程名称			温州市××职业技术学院教学楼				
序号	名称	规格型号	进场数量	生产厂家	检查项目		检验结果
1	热轧带肋钢筋	HRB335	5.0t	××	外观检查（目测尺量）、质量证明文件		合格
2	低碳钢热轧圆盘条	HPB300	8.0t	××	外观检查（目测尺量）、质量证明文件		合格
3	建筑用绝缘电工套管	PVC20	8000m	××	外观检查（目测尺量）、质量证明文件		合格
4	普通纸面石膏板	PC2400 1200mm×9.5mm	20张	××	外观检查（目测尺量）、质量证明文件		合格
施工单位检查结果	以上材料、构配件经外观检查合格，材质、规格型号和数量经复检均符合设计及规范要求，产品质量证明文件齐全 项目专业质量检查员：×× ××年×月×日						
	项目专业技术负责人			专业工长（施工员）			
监理（建设）单位结论	□同意　　□重新检验　　□退场验收日期 监理工程师：（签章）×× ××年×月×日						

表 5-21 设备开箱检验记录填写知识技能

文件名称	设备开箱检验记录
保存数量	2份
保存单位	监理单位、施工单位
签字	监理工程师、项目专业技术负责人、施工员、质检员
表格来源	《建筑工程资料管理规程》（JGJ/T 185—2009）
如何获得表格应填写的内容	根据规范以及单位要求拟订
基础知识与填写技能	需掌握施工组织设计
填写	按单位模板如实填写即可

表 5-22　设备开箱检验记录示例

工程名称		××		检查日期		×年×月×日	
设备名称		××		总数量		××台	
规格型号		××		检验数量		××台	
检验记录	包装情况		××				
	随机文件		××				
	备件与附件		××				
	外观情况		××				
	测试情况		××				
检验结果	缺、损附备件明细表						
	序号	名称	规格		单位	数量	备注
	1	××	××		××	××	
	2	××	××		××	××	

结论：
设备包装、外观状况、测试情况良好，随机文件、备件与附件齐全，符合设计及施工质量验收规范要求

签字栏	施工单位建设（监理）单位	施工单位	供应单位

表 5-23　设备及管道路线试验记录填写知识技能

文件名称	设备及管道路线试验记录
保存数量	2份
保存单位	监理单位、施工单位
签字	监理工程师、项目专业技术负责人、施工员、质检员
表格来源	《建筑工程资料管理规程》（JGJ/T 185—2009）
如何获得表格应填写的内容	根据规范以及单位要求拟定
基础知识与填写技能	设备、阀门、闭式喷头、密闭水箱或水罐、风机盘管、成组散热器及其他散热设备等在安装前按规定进行试验时，均应填写设备及管道附件试验记录
填写	按单位模板如实填写即可

表 5-24　设备及管道路线试验记录示例

工程名称	温州市××职业技术学院教学楼				使用部位		储水系统	
设备/管道附件名称	型号	规格	编号	介质	强度试验		严密性试验/MPa	试验结果
					压力/MPa	停压时间/s		
闸阀								
蝶阀								
签字栏	施工单位				试验单位		试验日期	

5.3.5 施工记录文件 C5

隐蔽工程验收记录
填写指导（音频）

施工记录文件主要有隐蔽工程验收记录、交接检查记录、地基验槽记录、地基处理记录、桩施工记录、混凝土浇灌申请书、混凝土养护测温记录、构件吊装记录、预应力筋张拉记录、构件吊装记录、防水工程试水检查记录、预应力结构灌浆记录等。

记录的内容有：日期、天气、气温、工程名称、施工部位、施工内容、应用的主要工艺；人员、材料、机械到场及运行情况；材料消耗记录、施工进展情况记录；施工是否正常；外界环境、地质变化情况；有无意外停工；有无质量问题存在；施工安全情况；监理到场及对工程认证和签字情况；有无上级或监理指令及整改情况等。记录人员要签字，主管领导定期也要阅签。施工日志表格，最简单的就是输入填写人，即监理本身或者项目代表，然后填入年、月、日，天气情况需要输入温度、湿度、气候等。具体内容填入人员情况、设备情况、生产情况、质量安全工作记录和备注。然后交予工程师/建造师，或者业主，或者项目经理进行签字。

施工记录文件 C5 的主要文件和保存单位见表 5-25。

表 5-25 施工记录文件 C5 的主要文件和保存单位

类别		归档文件	保存单位				
			建设单位	设计单位	施工单位	监理单位	城建档案馆
C5		施工记录文件					
	1	隐蔽工程验收记录	▲		▲	▲	▲
	2	施工检查记录			△		
	3	交接检查记录			△		
	4	工程定位测量记录	▲		▲	▲	▲
	5	基槽验线记录	▲		▲	▲	▲
	6	楼层平面放线记录			△	△	△
	7	楼层标高抄测记录			△	△	△
	8	建筑物垂直度、标高观测记录	▲		▲	△	△
	9	沉降观测记录	▲		▲	△	△
	10	基坑支护水平位移监测记录			△	△	
	11	桩基、支护测量放线记录			△	△	
	12	地基验槽记录	▲	▲	▲	▲	▲
	13	地基钎探记录	▲		△	△	▲
	14	混凝土浇灌申请书			△	△	
	15	预拌混凝土运输单			△		
	16	混凝土开盘鉴定			△	△	
	17	混凝土拆模申请单			△	△	
	18	混凝土预拌测温记录			△		
	19	混凝土养护测温记录			△		
	20	大体积混凝土养护测温记录			△		

续表

类别	归档文件	保存单位				
		建设单位	设计单位	施工单位	监理单位	城建档案馆
21	大型构件吊装记录	▲		△	△	▲
22	焊接材料烘焙记录			△		
23	地下工程防水效果检查记录	▲		△	△	
24	防水工程试水检查记录	▲		△	△	
25	通风（烟）道、垃圾道检查记录	▲		△	△	
26	预应力筋张拉记录	▲		▲	△	▲
27	有黏结预应力结构灌浆记录	▲		▲	△	▲
28	钢结构施工记录	▲		▲	△	
29	网架（索膜）施工记录	▲		▲	△	▲
30	木结构施工记录	▲		▲	△	
31	幕墙注胶检查记录	▲		▲	△	
32	自动扶梯、自动人行道的相邻区域检查记录	▲		▲	△	
33	电梯电气装置安装检查记录	▲		▲	△	
34	自动扶梯、自动人行道电气装置检查记录	▲		▲	△	
35	自动扶梯、自动人行道整机安装质量检查记录	▲		▲	△	
36	其他施工记录文件					

注：表中符号"▲"表示必须归档保存；"△"表示选择性归档保存。

下面重点讲述隐蔽工程验收记录、施工检查记录、工程定位测量记录的填写要求。

（1）隐蔽工程验收记录。相关内容见表5-26、表5-27。

表5-26 隐蔽工程验收记录填写知识技能

文件名称	隐蔽工程验收记录
保存数量	4份
保存单位	建设单位、施工单位、监理单位、城建档案管
签字	项目经理、专业监理工程师、总监理工程师
表格来源	《建筑工程资料管理规程》（JGJ/T 185—2009）附录C中表C.5.1
如何获得表格应填写的内容	根据规范以及单位要求拟订
基础知识与填写技能	依据《建筑工程施工质量验收统一标准》（GB 50300—2013）规定：隐蔽工程在隐蔽前应由施工单位通知监理单位进行验收，并形成验收文件，验收合格后方可继续施工。《建设工程监理规范》（GB/T 50319—2013）规定：对验收不合格的应拒绝签认，同时要求施工单位在指定的时间内整改并重新报验。对已同意覆盖的工程隐蔽部位有疑问的，或发现施工单位私自覆盖工程隐蔽部位的，项目监理机构应要求施工单位对该隐蔽部位进行钻孔探测、剥离或采用其他方法重新进行检验。隐蔽工程施工完毕后，由专业工长填写隐蔽工程验收记录，项目技术负责人组织监理旁站，施工单位专业工长、质量检查员共同参加。验收后由监理单位签署审核意见，并下审核结论。若验收存在问题，则在验收中给予明示。对存在的问题，必须按处理意见进行处理，处理后对该项进行复查，并将复查结论填入表内。凡未经过隐蔽工程验收或验收不合格的工序，不得进入下一道工序的施工
填写	按单位模板如实填写即可

表 5-27 隐蔽工程验收记录样式

工程名称	温州市××职业技术学院教学楼	编号	×××
		日期	×××
隐检项目	×××	隐检部位	×××

隐检依据：（图纸内容及相关规范）

隐检内容：

检查结论：

复查结论：
复核有关规范规定及设计要求

复查人：×××
复查日期：××××××

签字栏	施工单位	×××	专业技术负责人	专业质检员	专业工长
			×××	×××	×××
	监理或建设单位	×××	专业工程师	×××	

（2）施工检查记录。相关内容见表5-28。

表 5-28 施工检查记录填写知识技能

文件名称	施工检查记录
保存数量	1份
保存单位	施工单位
签字	专业技术负责人、专业质检员、专业工长
表格来源	《建筑工程资料管理规程》（JGJ/T 185—2009）
如何获得表格应填写的内容	根据规范以及单位要求拟订
基础知识与填写技能	依据《建筑工程施工质量验收统一标准》（GB 50300—2013）规定：各施工工序应按施工技术标准进行质量控制，每道施工工序完成，经施工单位自检符合规定后，才能进行下道工序施工。对于施工过程中影响质量、观感、安装、人身安全的重要工序，应在过程中做好过程控制并填写施工检查记录，施工检查记录适用各专业
填写	按单位模板如实填写即可

（3）工程定位测量记录。工程定位测量记录示例见项目7任务7.24。

① 填写依据

a. 单位工程开工前，施工单位应根据建设单位提供的测绘部门放线成果、红线桩、场地控制网（或建筑物控制网）、设计总平面图及水准点，对工程进行测量定位放线。

b. 工程定位测量，即测定建筑物的位置、主控轴线及尺寸、建筑物±0.000绝对高程等内容完成后，测量人员应填写工程定位测量放线记录，报监理（建设）单位复验和确认，无误后，监理（建设）单位代表签字并盖章，方可作为施工依据。

c. 工程定位测量放线记录中应将经纬仪、水准仪等仪器名称、型号、出厂编号标注清楚。定位测量示意图要标注准确，如指北针、轴线、坐标等，高程依据要求标注引出位置，标明基础主轴线之间的尺寸以及建（构）筑物与建筑红线或控制桩的相对位置。应将施测精度、误差情况及其他应说明的情况填写在备注栏。

d. 工程定位测量检查内容包括：校核标准轴线桩点、平面控制网；校核引进现场施工用水准点；检查计算资料及成果。

e. 工程定位测量完成后，应由建设单位报请城建规划部门验线。

② 填写要求

a. 工程名称：与施工图纸中的图签一致。

b. 建设单位：指业主。

c. 施工单位：总承包单位。

d. 定位依据：填写施工图纸编号，如总平面、首层建筑平面、基础平面等。

e. 建（构）筑物总平面布置定位示意图：应将建筑物位置线、重要控制轴线、尺寸及指北针方向、现场标准水准点、坐标点、红线桩、周边原有建筑物、道路等采用适当比例绘制在此栏内；坐标、高程依据要标注引出位置，并标出它与建筑物的关系；特殊情况下，可不按比例，只画示意图，但要标出主要轴线尺寸，同时需注明±0.000绝对高程。

f. 测量者：定位仪器操作者。

g. 复核者：施测单位的上一级测量人员。

相关内容见表5-29、表5-30。

表5-29 基槽验线记录填写知识技能

文件名称	基槽验线记录
保存数量	4份
保存单位	建设单位、监理单位、施工单位、城建档案馆
签字	专业技术负责人、专业质检员、专业工长
表格来源	《建筑工程资料管理规程》（JGJ/T 185—2009）附录C中表C.5.5
如何获得表格应填写的内容	根据规范以及单位要求拟订
基础知识与填写技能	基槽验线是指对建筑工程项目的基槽轴线、放坡边线等几何尺寸进行复试的工作。依据主控轴线和基础平面图，主要检验建筑物基底外轮廓线、集水坑、电梯井坑、基槽断面尺寸、坡度等是否符合设计要求。按照《工程测量规范》（GB 50026—2020）的规定，《基槽验线记录》填写时应注意以下事项 （1）基槽平面、基槽剖面简图中，基底外轮廓线范围至混凝土垫层的外延及所含的集水坑、设备坑、电梯井等示意的位置、标高和基坑下口线的施工工作面尺寸。基槽剖面是指有变化的外廓轴线到基坑边支护的立面结构尺寸，重点是要填写的外廓轴线到基础外边的尺寸与设计图尺寸需一致；此项为准确尺寸，其余均为技术措施尺寸。简图要能反映出外廓轴线垫层外边沿尺寸；外廓轴线到基础外边准确尺寸；垫层顶标高、底标高；集水坑、设备坑、电梯井垫层等标高；基础外墙、垫层外边沿尺寸、基坑施工面尺寸等 （2）施工单位实施基槽开挖后填写含轴线、放坡边线、断面尺寸、标高、坡度等内容，报监理单位审验。收集附件"普通测量成果"及基础平面图等 （3）施工测量单位应根据主控轴线和基槽底平面图，检验建筑物基底外轮廓线、集水坑、电梯井坑、垫层底标高（高程）、基槽断面尺寸和坡度等，填写《基槽验线记录》并报监理单位审核 （4）重点工程或大型工业厂房应有测量原始记录
填写	按单位模板如实填写即可

表 5-30 基槽验线记录示例

工程名称	温州市 ×× 职业技术学院教学楼	编号	×××
		日期	×××

验线依据及内容
(1) 依据：甲方提供的定位控制桩；测绘单位提供的控制水准点、坐标点和高程点；基础平面图、剖面图
(2) 内容：基地外轮廓线及外轮廓断面
(3) 符合《工程测量规范》(GB 50026—2020) 及测量方案

基槽平面或剖面简图：加图

检查意见：
经核对：外控轴线、设计施工图尺寸无误
经检查：基地外轮廓轴线，基础外边尺寸误差 ±3mm，断面准确；垫层标高 -5.400m，误差均在 ±5mm 以内
基坑开挖质量符合《建筑地基基础工程施工质量验收规范》(GB 50202—2002) 及建筑工程施工测量规程的精度要求

签字栏	施工单位	×××	专业技术负责人	专业质检员	专业工长
			×××	×××	×××
	监理或建设单位	×××		专业工程师	×××

5.3.6 施工实验记录及检测文件 C6

相关内容见表 5-31～表 5-39。

砂浆配合比申请单
填写指导（音频）

表 5-31 施工实验记录及检测文件 C6 的主要文件和保存单位

类别	归档文件	保存单位				
		建设单位	设计单位	施工单位	监理单位	城建档案馆
C5	通用表格					
1	设备单机试运转记录	▲		▲	▲	△
2	系统试运转调试记录	▲		▲	△	
3	接地电阻测试记录	▲		▲	△	
4	绝缘电阻测试记录	▲		▲	△	
	建筑与结构工程					
1	锚杆试验报告	▲		▲	▲	△
2	地基承载力检验报告	▲		▲		
3	桩基检测报告	▲		▲		
4	土工击实试验报告	▲		▲	△	
5	回填土试验报告（应附图）	▲		▲	△	
6	钢筋机械连接试验报告	▲		▲	△	
7	钢筋焊接连接试验报告	▲		▲		
8	砂浆配合比申请书、通知单			△	△	△

续表

类别	归档文件	保存单位				
		建设单位	设计单位	施工单位	监理单位	城建档案馆
9	砂浆抗压强度试验报告	▲		▲	▲	▲
10	砌筑砂浆试块强度统计、评定记录	▲		▲	▲	▲
11	其他建筑与结构工程专业文件					
	建筑电气工程					
	智能建筑工程					
	通风与空调工程					
	电梯工程					

注：1. 表中符号"▲"表示必须归档保存；"△"表示选择性归档保存。
2. 工程技术专业人员应重点学习"建筑与结构工程"的归档文件。

表 5-32 设备单机试运转记录填写知识技能

文件名称	设备单机试运转记录
保存数量	4 份
保存单位	城建档案馆、建设单位、施工单位、监理单位
签字	专业技术负责人、专业质检员、专业工长
表格来源	《建筑工程资料管理规程》（JGJ/T 185—2009）
如何获得表格应填写的内容	根据规范以及单位要求拟订
基础知识与填写技能	为保证系统安全、正常运行，设备在安装中应进行必要的单机试运转试验。设备单机试运转试验应由施工单位报请建设（监理）单位共同进行。设备单机试运转记录应符合《建筑给水排水及采暖工程施工质量验收规范》（GB 50242—2002）、《通风与空调工程施工质量验收规范》（GB 50243—2016）、《建筑节能工程施工质量验收规范》（GB 50411—2019）等有关规定
填写	（1）相关规定与要求 ① 水泵试运转的轴承升温必须符合设备说明书的规定。检验方法：通电、操作和温度计测温检查。水泵试运转，叶轮与泵壳不应相碰，进、出口部位的阀门应灵活 ② 锅炉风机试运转，轴承升温应符合下列规定：滑动轴承温度最高不得超过 60℃，滚动轴承温度最高不得超过 80℃。检验方法：用温度计测温检查。轴承径向单振幅应符合下列规定：风机转速小于 1000r/min 时，不应超过 0.10mm；风机转速为 1000～1450r/min 时，不应超过 0.08mm。检验方法：用测振仪表检查 （2）注意事项 ① 以设计要求和规范规定为依据，适用条目要准确。参考规范包括：《机械设备安装工程施工及验收通用规范》（GB 50231—2009）、《制冷设备、空气分离设备安装工程施工及验收规范》（GB 50274—2010）、《风机、压缩机、泵安装工程施工及验收规范》（GB 50275—2010）等 ② 根据试运转的实际情况填写实测数据，要准确，内容齐全，不得漏项。设备单机试运转后应逐台填写记录，一台（组）设备填写一个表格 ③ 设备单机试运转是系统试运转调试的基础工作，一般情况下如设备的性能达不到设计要求，系统试运转调试也不会达到要求 ④ 工程采用施工总承包管理模式的，签字人员应为施工总承包单位的相关人员

表 5-33 设备单机试运转记录样式

设备单机试运转记录				编号	
工程名称			试运转时间	年 月 日	
设备部位图号		设备名称		规格型号	
试验单位		设备所在系统		额定数据	
序号	试验项目		试验记录		试验结论
1					
试运转结果:					
参加人员签字	建设(监理)单位	施工单位			
		技术负责人	质检员		工长

表 5-34 系统试运转调试记录填写知识技能

文件名称	系统试运转调试记录
保存数量	4 份
保存单位	城建档案馆、建设单位、施工单位、监理单位
签字	各单位负责人
表格来源	《建筑工程资料管理规程》(JGJ/T 185—2009)
如何获得表格应填写的内容	根据规范以及单位要求拟订
基础知识与填写技能	系统试运转调试是对系统功能的最终检验,检验结果应满足设计要求。调试工作在系统投入使用前进行 系统试运转调试记录应符合现行国家标准《建筑给水排水及采暖工程施工质量验收规范》(GB 50242—2002)、《通风与空调工程施工质量验收规范》(GB 50243—2016)、《建筑节能工程施工质量验收规范》(GB 50411—2019)的有关规定
填写	(1) 相关规定与要求 ① 内采暖系统冲洗完毕应通水、加热,进行试运行和调试。检验方法:观察、测量室温应满足设计要求 ② 供热管道冲洗完毕应通水、加热,进行试运行和调试。当不具备加热条件时,应延期进行。检验方法:测量各建筑物热力入口处供、回水温度及压力 (2) 注意事项 ① 以设计要求和规范规定为依据,适用条目要准确 ② 根据试运转调试的实际情况填写实测数据,要准确,内容齐全,不得漏项 ③ 工程采用施工总承包管理模式的,签字人员应为施工总承包单位的相关人员

表 5-35 系统试运转调试记录样式

系统试运转调试记录		编号		
工程名称		调试时间	年 月 日	
调试内容(部位)		报告时间	年 月 日	
调试情况:				
调试结论:				
建设单位	监理单位	施工单位		设计单位

表 5-36 接地电阻测试记录填写知识技能

文件名称	接地电阻测试记录
保存数量	4份
保存单位	城建档案馆、建设单位、施工单位、监理单位
签字	专业技术负责人、专业质检员、测试人
表格来源	《建筑工程资料管理规程》（JGJ/T 185—2009）
规范的网址	
如何获得表格应填写的内容	根据规范以及单位要求拟订
基础知识与填写技能	接地电阻测试记录应符合《建筑电气工程施工质量验收规范》（GB 50303—2015）、《智能建筑工程质量验收规范》（GB 50339—2013）、《电梯工程施工质量验收规范》（GB 50310—2002）的有关规定。依据《建筑电气工程施工质量验收规范》规定，防雷接地系统测试：接地装置施工完成测试应合格；避雷接闪器安装完成，整个防雷接地系统连成回路，才能进行系统测试。测试记录应由建设（监理）单位及施工单位共同进行
填写	按单位模板如实填写即可

表 5-37 系接地电阻测试记录样式

接地电阻测试记录				编号		
	工程名称					
	仪表型号		测试日期		年 月 日	
	计量单位	Ω	天气情况		气温	℃
接地类型		□ 防雷接地 □ 保护接地 □ 重复接地	□ 计算机接地 □ 防静电接地 □ 综合接地	□ 工作接地 □ 逻辑接地 □ 医疗设备接地		
设计要求		□ ≤ 10Ω □ ≤ 0.1Ω	□ ≤ 4Ω □ ≤ 0.01Ω	□ ≤ 1Ω □ 其他		
测试结论：						
参加人员签字	建设（监理）单位		施工单位			
			技术负责人	质检员	测试人	

表 5-38 绝缘电阻测试记录填写知识技能

文件名称	绝缘电阻测试记录
保存数量	4份
保存单位	城建档案馆、建设单位、施工单位、监理单位
签字	专业技术负责人、专业质检员、专业工长
表格来源	《建筑工程资料管理规程》（JGJ/T 185—2009）
如何获得表格应填写的内容	根据规范以及单位要求拟订
基础知识与填写技能	电气绝缘电阻测试主要包括电气设备和动力、照明线路及其他必须遥测绝缘电阻的测试。配管及管内穿线分项质量验收前和单位工程质量竣工验收前，应分别按系统回路进行测试，不得遗漏。电气绝缘电阻的检测仪器应在规定的有效期内 绝缘电阻测试记录应符合现行国家标准《建筑电气工程施工质量验收规范》（GB 50303—2015）、《智能建筑工程质量验收规范》（GB 50339—2013）、《电梯工程施工质量验收规范》（GB 50310—2002）的有关规定
填写	按单位模板如实填写即可

表 5-39 绝缘电阻测试记录样式

绝缘电阻测试记录									编号		
工程名称						测试日期			年 月 日		
计量单位						天气情况					
仪表型号				电压					气温		
试验内容	相间			相对零			相对地			零对地	
	L_1-L_2	L_2-L_3	L_3-L_1	L_1-N	L_2-N	L_3-N	L_1-PE	L_2-PE	L_3-PE	N-PE	
层数、路别、名称、编号											
测试结论:											
参加人员签字	建设(监理)单位		施工单位								
			技术负责人			质检员			测试人		

5.3.7 施工质量验收文件 C7

检验批质量验收记录填写指导(音频)

工程技术专业学生应重点学会检验批质量验收文件。相关内容见表 5-40～表 5-44。

表 5-40 施工质量验收文件 C7 的主要文件和保存单位

类别	归档文件	保存单位				
		建设单位	设计单位	施工单位	监理单位	城建档案馆
C7	施工质量验收记录					
1	检验批质量验收记录	▲		▲	△	
2	分项工程质量验收记录	▲		▲	▲	
3	分部(子分部)工程质量验收记录	▲		▲	▲	▲
4	建筑节能分部工程质量验收记录	▲		▲	▲	▲

注:1.表中符号"▲"表示必须归档保存;"△"表示选择性归档保存。
2.表中按顺序分别是建设单位、设计单位、施工单位、监理单位、城建档案馆。

表 5-41 检验批质量验收记录填写知识技能

文件名称	检验批质量验收记录
保存数量	3 份
保存单位	建设单位、施工单位、监理单位
签字	专业工长、质量检查员、专业监理工程师
表格来源	《建筑工程资料管理规程》(JGJ/T 185—2009)附录 C 中表 C.7.1

续表

文件名称	检验批质量验收记录
如何获得表格应填写的内容	根据规范以及单位要求拟订
基础知识与填写技能	检验批质量验收记录应符合《建筑工程施工质量验收统一标准》(GB 50300—2013)的有关规定
填写	填写要求：施工单位填写的检验批质量验收记录应一式三份，"检查记录和检查结果"栏应由施工单位专业质量检查员填写，评定合格后交监理工程师验收。通常在验收前，监理人员应采用平行、旁站或巡回等方法进行监理，对施工质量抽查，对重要项目做见证检测，对新开工程、首件产品或样板间进行全面检查 "监理单位验收记录"栏应由专业监理工程师，经逐项抽查验收后填写验收结论

下面以土方开挖检验批质量验收记录填写要求为例。土方开挖检验批的划分按施工缝、变形缝或施工段划分检验批。临时性挖方的边坡值应符合相关规范标准的规定（表5-42）。

表5-42 临时性挖方边坡值

土的类别		边坡值（高：宽）
砂土（不包括细砂、粉砂）		（1∶1.25）～（1∶1.50）
一般性黏土	硬	（1∶0.75）～（1∶1.00）
	硬、塑	（1∶1.00）～（1∶1.25）
	软	1∶1.50 或更缓
碎石类土	充填坚硬、硬塑黏性土	（1∶0.50）～（1∶1.00）
	充填砂土	（1∶1.00）～（1∶1.50）

注：1. 设计有要求时，应符合设计标准。
2. 如果用降水或其他加固措施，可不受本表限制，但应计算复核。
3. 开挖深度，对软土不应超过4m，对硬土不应超过8m。

土方开挖工程的质量检验标准应符合表5-43的规定。

表5-43 土方开挖工程的质量检验标准　　　　　　　　　单位：mm

项	序	项目	允许偏差或允许值					检验方法
			柱基基坑基槽	挖方场地平整		管沟	地（路）面基层	
				人工	机械			
主控项目	1	标高	-50	±30	±50	-50	-50	水准仪
	2	长度、宽度（由设计中心线向两边量）	+200 -50	+300 -100	+500 -150	+100	—	经纬仪，用钢尺量
	3	边坡	设计要求					观察或用坡度尺检查
一般项目	1	表面平整度	20	20	50	20	20	用2m靠尺和楔形塞尺检查
	2	基底土性	设计要求					观察或土样分析

注：地（路）面基层的偏差只适用于直接在挖、填方上做地（路）面的基层。

表 5-44 土方开挖检验批质量验收记录示例

单位（子单位）工程名称			××厂房	分部（子分部）工程名称	地基与基础分部-土方子分部	分项工程名称	土方开挖分项
施工单位			浙江省××建筑工程有限公司	项目负责人	×××	检验批容量	1315m²
分包单位			—	分包单位项目负责人	—	检验批部位	（1～10）/（A～F）轴基础
施工依据			土方开挖专项施工方案		验收依据	《建筑地基基础工程施工质量验收规范》（GB 50202—2002）	
验收项目			设计要求及规范规定	最小/实际抽样数量	检查记录		检查结果
主控项目	1	标高	柱基基坑基槽	-50	10/10	抽查10处，全部合格	√
			场地平整 人工	±30	—	—	—
			场地平整 机械	±50	—	—	—
			管沟	-50	—	—	—
			地（路）面基础层	-50	—	—	—
	2	长度、宽度（由设计中心线向两边量）	柱基基坑基槽	200：-50	10/10	抽查10处，全部合格	√
			场地平整 人工	300：-100	—	—	—
			场地平整 机械	500：-150	—	—	—
			管沟	100	—	—	—
	3	边坡	设计要求		10/10	抽查10处，全部合格	√
一般项目	1	表面平整度	柱基基坑基槽	20	10/10	抽查10处，合格9处	90.0%
			场地平整 人工	20	—	—	—
			场地平整 机械	50	—	—	—
			管沟	20	—	—	—
			地（路）面基础层	20	—	—	—
	2	基底土性	设计要求		10/10	抽查10处，全部合格	100%
施工单位检查结果			合格			专业工长：××× 项目专业质量检查员：××× 20××年××月××日	
监理单位验收结论			合格			专业监理工程师：××× 20××年××月××日	

5.3.8 竣工验收资料 C8

单位工程竣工验收资料结构如图 5-6 所示。

竣工验收资料填写指导（音频）

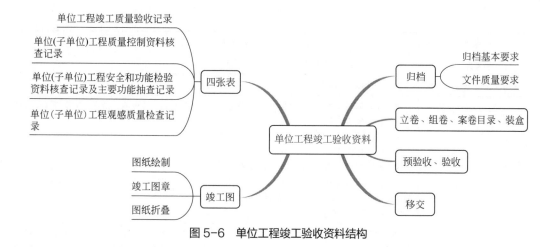

图 5-6 单位工程竣工验收资料结构

工程资料形成单位应对资料内容的真实性、完整性、有效性负责;由多方形成的资料,应各负其责;填写的内容要真实完整,文字、图表要清晰,不得随意修改,当需要修改时,应实行划改,并由划改人签署;对资料的审核、审批及签认要及时,结论要明确,签字手续要齐全;所有资料均为原件,当为复印件时,提供单位应在复印件上加盖单位公章,并有经办人签字及日期,提供单位应对资料的真实性负责。

相关内容见表 5-45 和表 5-46。

表 5-45 竣工验收资料 C8 的主要文件和保存单位

类别	归档文件	保存单位				
		建设单位	设计单位	施工单位	监理单位	城建档案馆
C8	竣工验收资料					
1	单位(子单位)工程竣工预验收报验表	▲		▲		▲
2	单位(子单位)工程质量竣工验收记录	▲	△	▲		▲
3	单位(子单位)工程质量控制资料核查记录	▲		▲		▲
4	单位(子单位)工程安全和功能检验资料核查及主要功能抽查记录	▲		▲		▲
5	单位(子单位)工程观感质量检查记录	▲		▲		▲
6	施工资料移交书	▲		▲		▲
7	其他施工验收文件					

注:表中符号"▲"表示必须归档保存;"△"表示选择性归档保存。

表 5-46 单位(子单位)工程质量竣工验收记录的填写知识技能

文件名称	单位(子单位)工程质量竣工验收记录
保存数量	4 份
保存单位	建设单位、施工单位、城建档案馆、设计单位
签字	建设单位项目负责人、总监理工程师、施工单位负责人、设计单位项目负责人、勘察单位项目负责人

续表

文件名称	单位（子单位）工程质量竣工验收记录
表格来源	《建筑工程资料管理规程》（JGJ/T 185—2009）
如何获得表格应填写的内容	根据规范以及单位要求拟定
基础知识与填写技能	单位工程质量（竣工）验收是建设工程投入使用前的最后一次验收，由施工单位填写，验收合格的条件包括五个方面 ① 构成单位工程的各个分部工程应验收合格 ② 有关的质量控制资料应完整 ③ 涉及安全、节能、环境保护和主要使用功能的分部工程检验资料应复查合格 ④ 对主要使用功能应进行抽查。抽查的项目是在检查资料文件的基础上由参加验收的各方人员商定，并用计量、计数的方法抽样检验 ⑤ 观感质量应通过验收
填写	进行单位工程质量竣工验收时，施工单位应同时填报《单位（子单位）工程质量控制资料核查记录》《单位（子单位）工程安全和功能检验资料核查及主要功能抽查记录》《单位（子单位）工程观感质量检查记录》，作为《单位（子单位）工程质量竣工验收记录》的附表 应符合《建筑工程施工质量验收统一标准》（GB 50300—2013）的有关规定。"分部工程""质量控制资料核查""安全和主要使用功能核查及抽查结果""观感质量验收"各栏内容均由验收组成员共同逐项核查，核查确认符合要求后，由监理单位填写验收结论

项目 6

智慧建造数字化技术——以桩基工程灌注桩为例

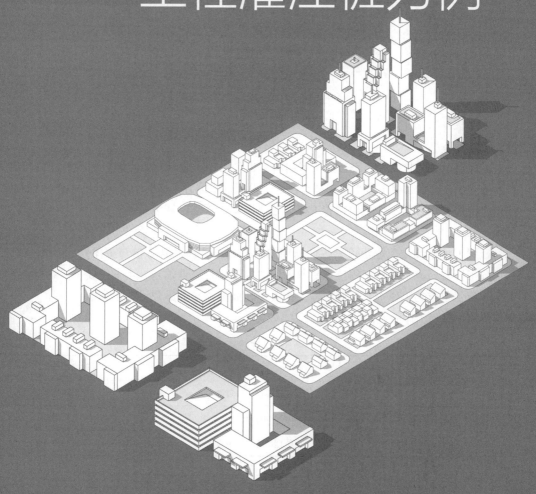

任务6.1 数字化智慧工地系统

知识目标： 1. 了解建设工程信息数字化管理的发展趋势
2. 了解智慧工地系统是建设工程全生命周期的管理系统

能力目标： 1. 能完成智慧工地系统参与单位的注册登录
2. 能处理注册账号、密码等初级问题

素质目标： 1. 培养学习新技术、迎接行业新发展、积极进取的精神
2. 培养建设工程大数据、信息资料数字化管理的思想

课前准备： 1. 按照本书指导步骤，浏览系统平台注册登录规则
2. 如果有困难，与信息维护员联系沟通

说　　明： 本项目以桩基管理为例。其他分部分项在平台管理模式类似，本书不再赘述

工程建设数字化管理，是行业发展趋势，也是当地主管部门重点建设的内容。参与的工程建设各方主体，在智慧工作平台根据自己的身份和权限展开工作，承担相应的工作责任和义务，建设单位需要在智慧工地平台完善工程信息，接受主管部门智慧工地数字化管理。

智慧工地系统是工程建设全生命周期的管理系统，涉及各方参与主体、角色分工较多。基于建筑工程技术专业方向的学生岗位就业需求，本书主要侧重于施工单位的工作内容，并根据工作关系和业务需求兼顾建设单位和监理单位的角色和工作内容，见表6-1、表6-2。

数字化智慧工地系统登录界面（微课视频）

表6-1　注册账号信息

工程名称	归属地区	联系电话
建设单位	建设单位项目负责人	手机号码
施工单位	项目经理	手机号码
监理单位	监理单位项目负责人	手机号码

表 6-2 学生任务分配

姓名	班级	学号	电话号码	任务分工
组员				
组员				

在智慧工地平台上完成"单位注册"的步骤如下。

第一步：获取工程注册资格。

第二步：用计算机登录智慧工地，完成单位注册。

第三步：使用注册单位账号登录。

模拟工程名称为"王茂测试项目1"。

模拟建设单位名称为"测试建设单位"，密码：admin123。

模拟监理单位名称为"测试监理单位"，密码：admin123。

模拟施工单位名称为"测试施工单位"，密码：admin123。

说明：由于教学需要，本书给出了虚拟案例、单位等信息。读者可以用于练习，也可以联系信息化管理平台开通新的工程信息。

6.1.1 各单位注册、登录智慧建造平台

建设单位登录演示
（微课视频）

6.1.1.1 建设单位登录管理工作台

任务要求：以建设单位身份进入单位管理工作台，读取或填写"王茂测试项目1"信息，填入表6-3。

考核评分：表6-3中每个空格1分，共10分。

表 6-3 学生操作所列内容的评分

序号	项目工程	项目性质	工程分包类型	项目进度	项目所属地	建设项目负责人	施工单位	开工日期	工期	监管内容

注：填写表中空格：每错一处扣2分。

① 在计算机中登录单位管理工作台。

② 输入：测试建设单位，密码为admin123，登录。

③ 左侧栏：首页。

工作区内容：项目工程，项目性质，工程分包类型，项目进度，项目所属地，建设项目负

责人，施工单位，开工日期，工期，监管内容。在智慧工地平台上完成"单位注册"后，以建设单位身份，登录当地"智慧工地系统"。

成果要求：办理好登录智慧工地的手续，能顺利登录（图6-1）。

图6-1 智慧工地系统界面

6.1.1.2 施工单位登录管理工作台

项目经理登录演示（微课视频）

任务要求：以施工单位身份进入单位管理工作台，了解本单位工程情况，填入表6-4。

考核评分：表6-4中每个空格1分，共5分。

任务指导：①在计算机中登录单位管理工作台。

② 输入：测试施工单位，密码为admin123，登录。

③ 此时可以查看施工单位总信息。

6.1.1.3 成果评价

以施工单位身份登录管理工作台，浏览数据，填入表6-4。

表6-4 学生操作所列内容的评分

序号	项目	填表	分值
1	工程总数		
2	在建工程数		
3	停工工程数		
4	竣工工程数		
5	灌注桩工程数		

注：表中"分值"可用于自查评分、小组评分、教师评分。活页教材可以灵活使用。

6.1.2 施工单位填写"测试项目"信息

6.1.2.1 填写工程概况信息

任务要求：以施工单位身份进入单位管理工作台，填写"××测试项目"信息。
考核评分：表6-5中每个空格1分，共7分。
成果评价：读取左侧栏：首页中工程概况信息，填写表6-5。

表6-5 学生操作所列内容的评分

序号	项目	填表	分值
1	工程名称：		（已锁定，不得分）
2	施工许可证：		
3	安监号：		（已锁定，不得分）
4	项目性质：		
5	项目赋号：		
6	工程分类：		
7	建设性质：		
8	投资类型：		
9	发包方式：		
10	施工承包方式：		
11	工程归属地：		
12	所属街道：		
13	工程地址：		
14	工程桩类型：		（已锁定，不得分）
15	总建筑面积（包括地下室）：		
16	地下室总面积：		
17	地下室层数：		
18	地上主体建筑高度：		
19	地上主体最高层数：		
20	建筑装配率：		

6.1.2.2 填写工程合同信息

任务要求：以施工单位身份进入单位管理工作台，填写"××测试项目"信息，填入表6-6。

考核评分：表 6-6 中每个空格 1 分，共 8 分。

成果评价：读取左侧栏：首页中工程合同信息。

表 6-6　学生操作所列内容的评分

序号	项目	填表	分值
1	开工日期		
2	工期		
3	计划竣工日期		（已锁定，不得分）
4	合同价 / 万元		
5	招标控制价 / 万元		
6	履约保证金方式		
7	履约保证金比例		
8	截至首次上报已完成总产值 / 万元		
9	2020 年 1～6 月完成产值 / 万元		

截至首次上报已完成总产值：即截止在本平台进行第一次产值上报前，本工程已经完成的历史总产值

6.1.2.3　填写工程执行信息

任务要求：以施工单位身份进入单位管理工作台，填写"××测试项目"信息，填入表 6-7。

考核评分：表 6-7 中每个空格 1 分，共 2 分。

成果评价：读取左侧栏：首页中工程合同信息。

表 6-7　学生操作所列内容的评分

序号	项目	填表	分值
1	项目状态		
2	施工进度		

注：项目状态包括：在建；停工（含未开工）；完工（待验收）；竣工（已验收）。施工进度包括：前期准备、桩基工程、主体工程、装饰装修工程、机电安装、附属工程、完工。

6.1.2.4　填写工程五方主体信息

任务要求：以施工单位身份进入单位管理工作台，填写"××测试项目"信息，填入表 6-8。

考核评分：灰显表示平台已锁定，不得分。请用以下方式评分：①请手工填入表 6-8 中，每个空格 1 分，共 5 分；②学生互查，显示填写完整的，得 5 分。

成果评价：读取左侧栏：首页中工程合同信息。

表 6-8　学生操作所列内容的评分

序号	项目	填表	分值
1	建设单位		
2	施工单位		
3	监理单位		（已锁定，不得分）
4	设计单位		
5	勘察单位		

注：1. 项目状态包括：在建；停工（含未开工）；完工（待验收）；竣工（已验收）。施工进度包括：前期准备、桩基工程、主体工程、装饰装修工程、机电安装、附属工程、完工。
2. 表中"已锁定""不得分"是指灰色显示，无权修改。

6.1.3　各单位的管理信息

6.1.3.1　查看建设单位管理信息

以建设单位账号登录，在图 6-2 界面点击左侧"工程管理"—"工程列表"。

图 6-2　查看建设单位管理信息界面

要求：查看建设单位管理信息。
第一步：工作区选择＜项目工程＞—＜工程详情＞。核对工程概况信息是否与实际内容一致。
☺ 工程管理 / 工程列表（☺ 表示操作人目前所在位置，下同）
第二步：工作区选择＜项目工程＞—＜人员配置＞。
输入：建设项目负责人账号、姓名、身份证号码。

☺ 工程管理 / 工程列表

第三步：工作区选择 < 项目工程 > — < 进度查看 >。

① 查看某个月对应的 < 实际工程量进度（万元）>。

☺ 工程管理 / 进度查看 / 王茂测试项目 1/ 进度列表

在工作区选择工程管理 / 进度查看 / 王茂测试项目 1/ 工程款项列表。

② 查看某个月对应的 < 累计应收款总额（万元）>。

③ 查看某个月对应的 < 累计实收款总额（万元）>。

☺ 工程管理 / 进度查看 / 王茂测试项目 1/ 工程款项列表

在工作区选择工程管理 / 进度查看 / 王茂测试项目 1/ 砂浆计划用量列表。

④ 查看砂浆类型、计划用量（t）。

☺ 工程管理 / 进度查看 / 王茂测试项目 1/ 工程款项列表

评分：将上述信息填入空行，每条 1 分，共 4 分。

① _____
② _____
③ _____
④ _____

6.1.3.2 填写施工单位管理信息

第一步：退出"单位管理工作台"登录状态。

第二步：以施工单位负责人账号个人登录。

在计算机中点击"桩基管理施工生产平台"。完成个人登录。个人登录的账号是单位负责人（项目经理或总监理工程师）电话号码。密码是电话号码后六位数字，如表 6-9 所示。

表 6-9 账号信息参考

工程名称	归属地区	建设单位	建设单位项目负责人	联系电话	施工单位	项目经理	联系电话	监理单位	监理单位项目负责人	联系电话
温职院测试工程 1	台州/椒江	测试建设单位	张一	13×××411111	测试施工单位	李一	13×××421111	测试监理单位	王一	13×××431111

登录：输入账号 13444421111，密码 421111。

要求：点击左侧"工程管理"。

填写分部工程概况信息和分部工程五方主体信息。提交。

☺ 桩基工程 / 工程管理

点击左侧"工程管理"—"工程人员"。工作区选择 < 现场人员 > — < 新增 > —新增施工人员。

填写：账号、姓名、身份证号码。确定。

☺ 桩基工程 / 人员管理 / 工程人员 / 现场人员

第三步：点击左侧"工程角色"。在工作区新增以下人员：工地党建专员、安全员、取样员、质检员、项目联系人、桩机员、资料负责人、施工技术负责人、施工员（15××××934291）、材料员。填写：账号、姓名、身份证号码。确定。

☺桩基工程/人员管理/工程角色

第四步：点击左侧"工程桩基管理"。

工作区内没有内容。

第五步：打开手机微信小程序"智慧质监"，用第三步骤的工程角色，例如施工员账号：手机号码，密码是电话号码后六位数字。

例如：输入15×××934291，密码934291登录。进入"智慧质监工程施工生产平台"。

第六步：打开手机微信小程序"智慧质监"－桩基管理。扫描桩基二维码。

☺手机微信小程序"智慧质监"/桩基管理

第七步：回到计算机端，点击左侧"工程桩基管理"。刷新显示。工作区显示桩机信息。

评分：将使用体会填入空行，每条1分，共7分。

① _____
② _____
③ _____
④ _____
⑤ _____
⑥ _____
⑦ _____

任务6.2 施工总包、分包管理

知识目标： 1. 了解建设工程施工总包单位、分包单位的关系

2. 了解智慧工地系统关于分包管理的方式

能力目标： 1. 能完成分包单位系统设置

2. 能处理分包项目设置等问题

素质目标： 1. 培养总包负总责的法律意识

2. 加强对分包项目的严格、科学、规范管理的思想

课前准备： 搜集、学习某分包合同

6.2.1 总包管理

6.2.1.1 总包单位施工的桩基工程

步骤一：施工总包单位，项目经理个人登录桩基管理平台。

步骤二：左侧栏—工程管理—分部工程管理—新增—分部分项"桩基工程"，将施工单位设置为总包单位名称（图6-3）。

图6-3 "新增"命令的操作界面

6.2.1.2 总包单位配置给分包单位的桩基工程

步骤一：施工总包单位，项目经理个人登录桩基管理平台。

步骤二：左侧栏—工程管理—分部工程管理—新增—分部分项"桩基工程"，将施工单位设置为分包单位名称，可以继续新增多个分包单位。

设置分包单位信息
（微课视频）

（1）学习目标

① 能理解总包单位具有总包管理的权利。

② 能熟悉分部工程划分：桩基工程、基础与主体、装饰装修等知识。

③ 能准确配置分部工程的分包单位、项目负责人、项目负责人联系电话。

④ 能积极沟通，养成确认并保证信息准确的职业习惯。

（2）任务分析

① 知识分析。知识点1：施工总包的权利与工作职责；管理职责。

知识点2：施工分包的项目负责人、权利与工作职责。

② 技能分析。技能点：设置分部工程的分包单位及分包单位负责人。

③ 技术重难点分析。重点：分包和总包的知识。

难点：工程实操，理解并会使用"分部工程管理"。

（3）课程思政体验。积极主动地了解总包单位的工作内容。学习老员工熟悉业务的踏实工作精神和专业特长。培养体验建筑行业的总包，分包等工作关系，培养正确的责权概念。学习软件，不怕困难，具备积极学习专业术语的研究精神。

（4）任务分组。学生任务分配见表 6-10。

表 6-10 学生任务分配

小组：　　　　　组长：　　　　　指导教师：

姓名	班级	学号	电话号码	任务分工
组员				
组员				

（5）任务实施。要求：组长以施工单位负责人账号登录系统。查阅信息是否合格，填入表 6-11 中。指导：总包为分部工程设置管理权限。

表 6-11 学生操作所列内容的评分

序号	项目	填表	分值
	分部工程概况信息		
	工程名称	（已锁定，不得分）	
1	分部分项		
2	分部分项名称		
	分部工程名称		
	建设单位	（已锁定，不得分）	
3	施工单位（指分包）		
4	项目负责人		
5	联系电话		

第一步：施工单位（总包单位）的项目负责人（项目经理）登录桩基管理平台。

第二步：在工程管理—分部工程管理—新增—分部分项，设置分包单位，分包单位负责人，联系方式（联系方式为分包单位登录平台的账号，密码是账号后六位）。

第三步：使用分包单位负责人账号登录，查看界面，退出。

笔记：_____

_____

评分：表 6-11 中每个空格 1 分，共 5 分。

左侧栏：工程管理—分部工程管理是指在计算机上登录系统，在系统界面左侧有一栏，在左侧这一栏中可以看到"工程管理"这四个字，点击"工程管理"命令按钮，会弹出"分部工程管理"页面。

6.2.2 分包管理

分包单位查看桩基工程管理界面如图 6-4 所示。

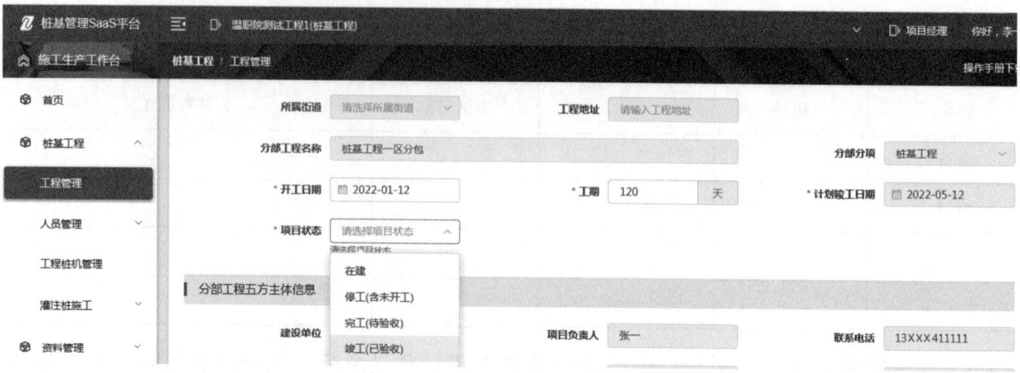

图 6-4　分包单位查看桩基工程管理的界面

要求：分包查看桩基工程管理界面。
第一步：使用分包单位负责人账号登录。
第二步：在桩基工程—工程管理中设置分部工程概况信息。
笔记：

要求：以施工分包单位负责人账号登录系统。查阅信息是否合格，填入表 6-12。
评分：表 6-12 中每个空格 1 分，共 4 分。观察左侧栏：工程管理—分部工程管理。

表 6-12　学生操作所列内容的评分

序号	项目	填表	分值
分部工程概况信息			
	工程名称		（已锁定，不得分）
	总包施工单位		（已锁定，不得分）
	项目性质		（已锁定，不得分）
	工程归属地		（已锁定，不得分）
	所属街道		（已锁定，不得分）
	分部工程名称		（已锁定，不得分）
	分部分项		（已锁定，不得分）
	开工日期		
	工期		
	计划竣工日期		
	项目状态		
分部工程五方主体信息（已锁定，不得分）			

任务6.3 灌注桩施工计划管理

知识目标： 1. 掌握灌注桩施工计划的内容与要求
2. 掌握桩的设计和施工数据内容

能力目标： 1. 能完成桩基础的验收区域配置、设计配置、桩型配置
2. 会CAD桩位坐标提取技术

素质目标： 1. 培养桩基础工程识图、施工技术、项目管理的综合应用能力
2. 树立建设工程大数据、数字化管理的思想

课前准备： 搜集某工程的桩基础施工图纸，总结桩基施工技术控制要点

6.3.1 施工计划

6.3.1.1 任务分析准备

目标：编制施工计划。

动作：统计计划施工桩数量；整理桩编号，桩位图；施工起止日期，工期。

成果：施工计划。

设置施工员信息1
（微课视频）

设置施工员信息2
（微课视频）

6.3.1.2 任务实施指导

（1）施工员登录。步骤一：先由桩基分包项目经理通过施工生产平台新增"现场人员"（图6-5）。

图6-5 新增"现场人员"的界面

步骤二：桩基施工员应先由桩基分包项目经理通过施工生产平台分配"工程角色"（图6-6和图6-7）。

图6-6　分配"工程角色"的界面

图6-7　"工程角色"信息输入的界面

步骤三：施工员或桩基施工员通过个人账号（即手机号），密码为账号后六位，在施工生产平台上进行登录。例如：施工员账号18×××111008，密码111008登录。

查阅监理单位负责人，见表6-13。

表6-13　单位信息

单位	单位名称（单位账号）	单位密码	单位项目负责人	联系电话（个人账号）	个人密码
建设单位	测试建设单位	admin123	张××	13×××411111	411111
施工单位	测试施工单位	admin123	李××	13×××421111	421111
监理单位	测试监理单位	admin123	王××	13×××431111	431111

在施工员进行施工计划管理时，主要涉及施工计划、验收区域配置、桩型配置、设计配置、桩配置、桩清单几项内容，其中桩型配置和设计配置需要提交审核。在课堂实训中请准备另一台计算机，由监理王一个人登录平台（账号为联系电话，密码为账号后六位），完成监理审核通过或驳回（图6-8和表6-14）。

图6-8 "施工计划管理"的界面

编写桩施工计划（微课视频）

某项目整体桩位布置案例图纸

表6-14 监理单位工作

现场人员	账号	姓名	身份证号码
总监理工程师	13×××431111	总监理工程师王一	33×××197301010000
见证员	13×××431112	见证员王二	33×××197501010000
安装监理员	13×××431113	安装监理员王三	33×××197503010000
土建专业监理工程师	13×××431115	土建专业监理工程师王五	33×××197505010000
土建监理员	13×××431116	土建监理员王六	33×××197506010000

个人账号登录：13×××431111，密码431111。

分派工程人员：新增监理员王××，账号13×××431121，负责各类审核。

（2）任务实施开展。登录：姓名为施工员一，账号为18×××111008，密码为111008。

步骤：查看施工图，查阅施工资料获得信息，编写桩施工计划，见表6-15。

表6-15 桩施工计划

工程桩施工计划	信息来源	案例一	案例二
设计总桩数	设计图纸	18根	182根
计划开始日期	施工合同		
计划结束日期	施工合同		
工期	施工合同		
桩位图	设计图纸	CAD图上编号	CAD坐标导出

6.3.2 验收区域配置

6.3.2.1 任务分析准备

目标：明确验收区域。

动作：划分验收区域；以轴号标注区域范围。

成果：明确验收区域。

6.3.2.2 任务实施指导

某工程，地下室 1 层，地上 7 幢楼，其桩位布置如图 6-9 和表 6-16 所示。

桩基的面积大，桩数量多，施工先后时间差大。施工时按照分区施工，验收时也是按照分区进行。

在划分验收区域时综合考虑以下几个方面，以使之后的施工方便顺利。

① 划分区域前仔细阅读施工图纸桩施工说明，了解桩的静载要求。

② 按静载要求结合桩位布置图划分区域。

③ 阅读施工图纸，了解每栋的桩型。

④ 施工组织验收区域的划分。

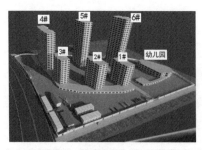

(a) 效果图

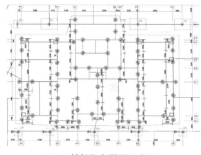

(b) 6#楼桩位布置图示意图

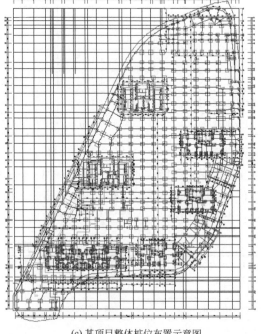

(c) 某项目整体桩位布置示意图

图 6-9 某项目整体桩位布置

表 6-16 施工图的桩信息

主楼桩表

主楼号	桩型	桩符号	类别	单桩竖向承载力特征值 /kN 抗压	单桩竖向承载力特征值 /kN 抗拔	桩顶相对标高 /m	桩端持力层	桩基控制标准深度	桩型号	加劲箍	工程桩数量	工程桩检测数量	成桩类型
1#	φ700	◉	工程桩	2500	—	详见平面图	⑩-3 中风化凝灰岩	要求桩端全截面进入中风化凝灰岩不小于 1.0m	ZKZ-D700-(15~26)-L(10Φ14Φ8@250)-C30	Φ12@2000	43		冲击成孔灌注桩
1#	φ700	◉	工程试桩	5200	—	自然地坪以上 0.3m	⑩-3 中风化凝灰岩	要求桩端全截面进入中风化凝灰岩不小于 1.0m	ZKZ-D700-(15~26)-L(10Φ14Φ8@250)-C30	Φ12@2000		1	冲击成孔灌注桩
2#	φ700	◉	工程桩	2500	—	详见平面图	⑩-3 中风化凝灰岩	要求桩端全截面进入中风化凝灰岩不小于 1.0m	ZKZ-D700-(19~25)-L(10Φ14Φ8@250)-C30	Φ12@2000	45		冲击成孔灌注桩
2#	φ700	◉	工程试桩	5200	—	自然地坪以上 0.3m	⑩-3 中风化凝灰岩	要求桩端全截面进入中风化凝灰岩不小于 1.0m	ZKZ-D700-(19~25)-L(10Φ14Φ8@250)-C30	Φ12@2000		1	冲击成孔灌注桩
3#	φ700	◉	工程桩	2500	—	详见平面图	⑩-3 中风化凝灰岩	要求桩端全截面进入中风化凝灰岩不小于 1.0m	ZKZ-D700-(28~35)-L(10Φ14Φ8@250)-C30	Φ12@2000	43		冲击成孔灌注桩
3#	φ700	◉	工程试桩	5200	—	自然地坪以上 0.3m	⑩-3 中风化凝灰岩	要求桩端全截面进入中风化凝灰岩不小于 1.0m	ZKZ-D700-(28~35)-L(10Φ14Φ8@250)-C30	Φ12@2000		1	冲击成孔灌注桩
4#	φ700	◉	工程桩	2500	—	详见平面图	⑩-3 中风化凝灰岩	要求桩端全截面进入中风化凝灰岩不小于 1.0/2.7/5.0（3颗）m 具体详见平面图中注明	ZKZ-D700-(6.0~34)-L(10Φ14Φ8@250)-C30	Φ12@2000	108		冲击成孔灌注桩
4#	φ700	◉	工程试桩	5200	—	自然地坪以上 0.3m	⑩-3 中风化凝灰岩	要求桩端全截面进入中风化凝灰岩不小于 1.0/2.7/5.0（3颗）m 具体详见平面图中注明	ZKZ-D700-6.0~34)-L(10Φ14Φ8@250)-C30	Φ12@2000		2	冲击成孔灌注桩

续表

主楼号	桩型	桩符号	类别	单桩竖向承载力特征值/kN 抗压	单桩竖向承载力特征值/kN 抗拔	桩顶相对标高/m	桩端持力层	桩基控制标准深度	桩型号	加劲箍	工程桩数量	工程桩检测数量	成桩类型
5#	φ700/φ750		工程桩	3300	—	详见平面图	⑩-3 中风化凝灰岩	要求桩端全截面进入中风化凝灰岩不小于1.5/3.0（9 颗）m 具体详见平面图中注明	ZKZ-D700/D750-(23～34)-L(700-10Φ14/750-12Φ14/φ8@250)-C35	Φ12@2000	63		冲击成孔灌注桩
5#	φ700/φ750		工程试桩	6800	—	自然地坪以上0.3m	⑩-3 中风化凝灰岩		ZKZ-D750-(23～34)-L(12Φ14/φ8@250)-C35	Φ12@2000		1	冲击成孔灌注桩
6#	φ700		工程桩	3300	—	详见平面图	⑩-3 中风化凝灰岩	要求桩端全截面进入中风化凝灰岩不小于2.0m	ZKZ-D700-(26～29)-L(10Φ14/φ8@250)-C35	Φ12@2000	63		冲击成孔灌注桩
6#	φ700		工程试桩	6800	—	自然地坪以上0.3m	⑩-3 中风化凝灰岩		ZKZ-D700-(26～29)-L(10Φ14/φ8@250)-C35	Φ12@2000		1	冲击成孔灌注桩
幼儿园	φ700		工程桩	2500	—	详见平面图	⑩-3 中风化凝灰岩	要求桩端全截面进入中风化凝灰岩不小于1.0m	ZKZ-D700-(约16m)-L(10Φ14/φ8@250)-C30	Φ12@2000	60		冲击成孔灌注桩
幼儿园	φ700		工程试桩	5200	—	自然地坪以上0.3m	⑩-3 中风化凝灰岩		ZKZ-D700-(约16m)-L(10Φ14/φ8@250)-C30	Φ12@2000		1	冲击成孔灌注桩

注：表中总桩数与桩位图不符的以桩位平面图中实际数量为准。

(1) 任务分析准备。如图 6-10 所示，可以划分为八个区。包含：1# ～ 6#、幼儿园七个区，除此以外的地下室算一个区，轴号按各自的轴号命名划分区域。

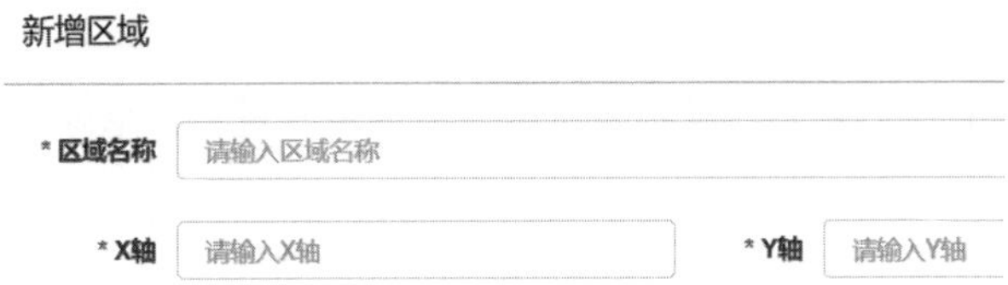

图 6-10 "划分验收区域"的界面

(2) 任务实施指导。点击新增区域，输入区域范围（图 6-11）。

图 6-11 "划分验收区域"的示例

(3) 任务实施开展：请一次输入 1# ～ 6#、幼儿园七个区，以及除此以外的地下室区。

6.3.3 桩型配置

6.3.3.1 任务分析准备

目标：明确桩型。
动作：识读施工图；熟悉每一种桩型；熟悉桩受力特征。
成果：完成桩型配置。

6.3.3.2 任务实施指导

"桩型配置"的示例如图 6-12 所示。

图 6-12 "桩型配置"的示例

按照楼栋划分验收区域，其他信息来自查阅施工图纸和施工图设计说明。

6.3.3.3 任务实施开展

请查看施工图并描述图纸中各栋楼的桩基特点，为填写桩基信息做好准备工作。

2#楼

描述：_____

3#楼

描述：_____

4#楼

描述：_____

5#楼

描述：_____

6#楼

描述：_____

幼儿园

描述：_____

其他地下室

描述：_____

请登录账号，将上述信息填写完整后提交。

请监理工程师登录进行审核，登录账号信息见表6-17。监理工程师查看"桩型配置"的界面如图6-13所示。

表6-17 账号信息

监理单位	监理单位项目负责人	联系电话（账号）	密码
测试监理单位	王一	13×××431111	431111

桩型	设计桩数	受力特征	静载抗压/抗拔计划检测桩数	申请时间	验收区域	审核状态	操作
1#楼工程桩	44	抗压	1	2022-01-25 13:59:33	1#楼（X：1-1~1-10；Y：1-A~1-G）	待审核	查看 审核

图6-13 监理工程师查看"桩型配置"的界面

6.3.4 设计配置

6.3.4.1 任务分析准备

目标：熟悉桩的设计信息，输入平台。

动作：识读施工图；熟悉每一种桩型的配筋信息。

成果：完成"设计配置"。

6.3.4.2 任务实施指导

查阅施工图纸，填写"设计配置""桩配置"信息。

查阅图集，桩的编号格式如下。

$$ZKZ-DX-L-L1（X1）-L2（X2）-CX$$

式中　ZKZ——钻孔灌注桩代号；

DX——钻孔灌注桩直径，mm；

L——桩长，m；

L1——第1段配筋长度，m；

X1——第1段配筋编号，高层建筑桩配筋编号为 Ax，其他建筑配筋编号为 Bx，当有其他特殊要求时，桩配筋编号为 Sx；

L2——第2段配筋长度，m；

X2——第2段配筋编号，仅用于特殊要求时，桩配筋编号为 Sx，单段配筋时此项可省略；

CX——桩身混凝土强度等级。

【例】某高层建筑，建筑桩基安全等级为一级，采用混凝土钻孔灌注桩，桩身直径为900mm，桩长30m。经计算分析，桩身混凝土强度等级采用C30，桩配筋为A1，配筋长度为22m，则该桩的编号为

$$ZKZ-D900-30-22(A1)-C30$$

如设计人员对桩有特殊要求，需按以下要求分段配筋：上段配筋长度为22m，主筋配18根三级钢 $\phi20$，箍筋为中一级钢 $\phi8@250$，下段配筋长度为8m，主筋为9根三级钢 $\phi20$，箍筋为中一级钢 $\phi8@250$，查特殊要求桩配筋编号表，上下段配筋编号分别为S68和S86，则该桩的编号为

$$ZKZ-D900-30-22(S68)-8(S86)-C30$$

"桩型"的设计信息如图6-14所示。

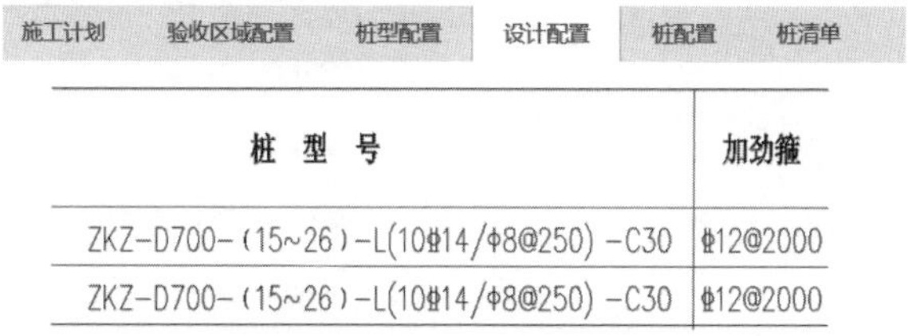

| 施工计划 | 验收区域配置 | 桩型配置 | 设计配置 | 桩配置 | 桩清单 |

桩型号	加劲箍
ZKZ-D700-（15~26）-L(10#14/φ8@250)-C30	φ12@2000
ZKZ-D700-（15~26）-L(10#14/φ8@250)-C30	φ12@2000

图6-14 "桩型"的设计信息

图6-14中信息如下。

① 第一行工程桩：钻孔灌注桩-直径700-(桩长15~26)-全长配筋主筋10根三级14，箍筋一级8@250-C30混凝土。

② 第二行工程试桩：钻孔灌注桩-直径700-(桩长15~26)-全长配筋主筋10根三级14，

箍筋一级 8@250-C30 混凝土。

③ 其他数据查施工图纸。

相关内容如图 6-15 ～图 6-17 所示。

图 6-15　桩"设计配置"的界面

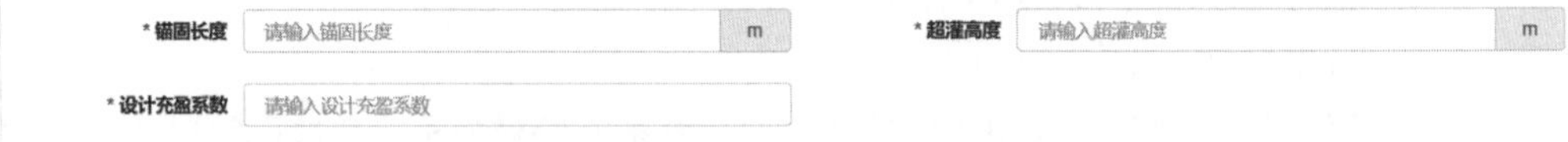

图 6-16　桩"设计配置"下拉后的界面

图 6-17　桩"设计配置"下拉后的"提交审核"界面

1# 楼工程桩完成信息如图 6-18 所示。

图 6-18　桩"设计配置"完成信息的界面

完成后请提交审核。

请用监理工程师登录账号，进行审核（图6-19）。

序号	桩用途	桩型	桩径(mm)	承载性状	受力特征	设计桩长(m)	混凝土强度	申请时间	操作
1	工程桩/现浇灌注桩	1#楼工程桩	700	端承桩	抗压	15-26	强度等级C30	2022-01-25	查看 审核

图6-19 监理审核桩"设计配置"完成信息的界面

6.3.4.3 任务实施开展

请查阅施工图的桩信息表（表6-16），描述1#楼工程桩设计信息（本书中的施工图纸供大家参考使用，读者也可使用自己的桩基施工图）。

1#楼工程桩设计信息：＿＿＿＿＿＿＿＿＿＿＿＿＿＿＿＿＿＿＿＿＿＿＿＿＿＿＿＿

1#楼工程试桩设计信息：＿＿＿＿＿＿＿＿＿＿＿＿＿＿＿＿＿＿＿＿＿＿＿＿＿＿

6.3.5 桩配置

6.3.5.1 任务分析准备

目标：新增桩配置，自定义"桩标号"。
动作：识读施工图；辨析桩标号与桩编号的区别和联系。
成果：完成"桩配置"。

6.3.5.2 任务实施指导

查阅施工图纸，填写"桩配置"信息（图6-20）。桩标号将成为桩编号的前缀。

新增

＊桩用途 工程桩/现浇灌注桩

＊桩标号 1#_ZKZ

计划根数 44

图6-20 填写"桩配置"信息的界面

编辑新增的桩配置，如图6-21所示。

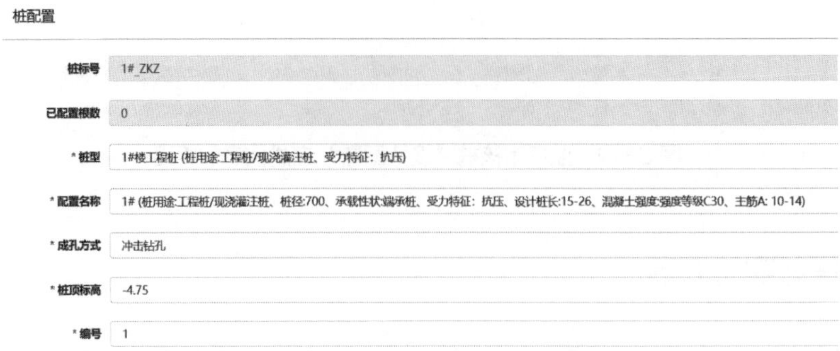

图 6-21 点击新增"桩配置"后的界面

6.3.5.3 任务实施开展

请描述 1# 楼桩信息。
工程桩配置：＿＿＿＿＿＿＿＿＿＿＿＿＿＿＿＿＿＿＿＿＿＿＿＿＿＿＿＿＿＿＿＿＿＿
工程试桩配置：＿＿＿＿＿＿＿＿＿＿＿＿＿＿＿＿＿＿＿＿＿＿＿＿＿＿＿＿＿＿＿＿

6.3.6 桩清单

知识目标：灌注桩施工计划涉及的知识。
能力目标：会设置灌注桩施工计划。
素质目标：培养科学先进的数字化信息管理素质。

6.3.6.1 任务分析准备

目标：编制桩清单。
动作：学习相关知识点；辨析桩标号与桩编号的区别和联系。
成果：完成"桩配置"。
查阅施工图纸，填写"桩清单"（图 6-22）。

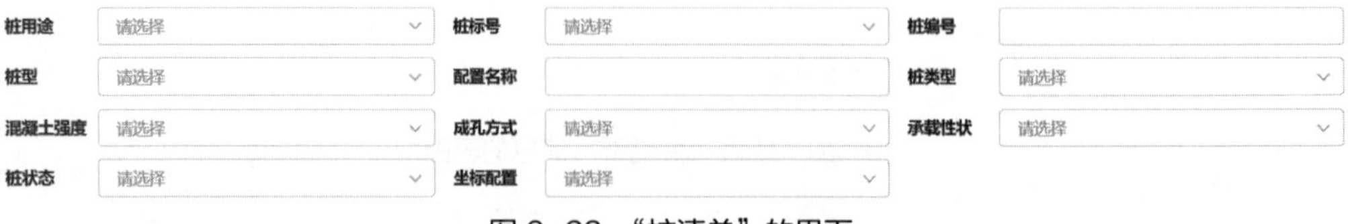

图 6-22 "桩清单"的界面

6.3.6.2 任务实施指导

（1）CAD 导出坐标。在桩清单中进一步核对桩编号（桩号），导入 x, y 坐标（表 6-18）。

表 6-18 桩坐标

桩号（桩编号）	x	x
1-1	488289.591	3099289.899
1-2	488291.359	3099290.239
1-3	488292.059	3099281.82

至此，桩的设计和施工数据输入完毕，包括桩编号、桩类型、桩用途、成孔方式、桩顶标高、桩位坐标（m）、配置名称、桩径、承载性状、受力特征、设计桩长、混凝土名称、混凝土强度、加劲箍筋、螺旋箍筋长度（加密区）、保护层厚度、锚固长度、超灌高度、设计方量、设计充盈系数、上部主筋值、螺旋箍筋值。

建议利用 CAD 工具快捷提取桩坐标。

使用方法：打开 CAD，命令行输入“appload”，回车。

加载下载的 CAD 插件 gczbh6.vlx。

成功后，在命令行输入“gczbh”，按提示操作。可以实现对桩编号并提取坐标，包括相对坐标或绝对坐标（图 6-23）。

	A	B	C
1	桩号	x	y
2	5-1	488289.591	3099289.899
3	5-2	488291.359	3099290.239
4	5-3	488292.059	3099281.820
5	5-4	488292.759	3099273.401
6	5-5	488294.527	3099273.740
7	5-6	488294.343	3099265.151
8	5-7	488296.110	3099265.491
9	5-8	488295.926	3099256.902
10	5-9	488297.694	3099257.241

图 6-23 坐标导入模板示意

（2）检测标准和要求。工程基桩检测数量除应严格按照《建筑地基基础工程施工质量验收标准》（GB 50202—2018）、《建筑基桩检测技术规范》（JGJ 106—2014），同时也要符合当地主管部门发布的规定，如：江苏省进行基桩检测时，应同时满足江苏省《建设工程质量检测规程》（DGJ32/J21—2009）、《建筑地基基础检测规程》（DGJ32/TJ142—2012）及《江苏省规范基桩质量检测工作实施导则》等的相关要求。

请遵守并执行当地主管部门的要求。

桩基检测试验中，除了静载试验外，还要做大应变或者小应变检测，即动测试验。静载试验是为了检查桩基的极限承载力，动测试验是为了检查桩身完整性（桩身长度、有无断桩、缩颈等）。

学习表 6-19 中的知识后，请以施工员账号登录，填写施工计划，提交，等待监理员审核。

表6-19 桩检测的知识技能

桩分类	检测方法	成桩质量检测数量（即桩身完整性检测）	说明	承载力检测数量（单桩承载力竖向或水平）
为设计提供依据的桩		（1）为设计提供依据的试验桩检测数量应满足设计要求，且在同一条件下不应少于3根；当预计工程桩总数小于50根时，检测数量不应少于2根 （2）为设计提供依据的试样数量不计入验收检测的抽检总数 （3）对已进行为设计提供依据静载荷试验且具有高应变检测与静载荷试验比对资料的桩基工程，可采用高应变法，抽检数量不应少于同条件下总桩数的5%，且不得少于10根		单桩承载力（竖向）：地基基础设计等级为甲级和乙级的桩基，应采用单桩竖向抗压静载试验进行承载力验收检测，检测数量不应少于同一条件下桩基分项工程总桩数的1%，且不应少于3根，当总桩数小于50根时，检测数量不应少于2根 （1）静载抗压计划检测桩数 = 各桩型抗压计划检测桩数求和 （2）静载抗压计划检测率 = 静载抗压计划检测桩数/设计总桩数 （3）静载抗拔计划检测桩数 = 各桩型抗拔计划检测桩数求和 （4）静载抗拔计划检测率 = 静载抗拔计划检测桩数/设计总桩数 对抗拔桩和对水平承载力有要求的桩基工程，应进行单桩竖向抗拔静载试验和水平静载试验，抽检数量不应少于总桩数的1%，且不得少于3根
预制桩	预制打入桩，采用基桩应力波反射法（即低应变检测法）	评价预制桩桩身完整性采用低应变时，抽检数量不应少于同条件下总桩数的30%，且不得少于20根，每个承台抽检桩数不得少于1根；对柱下四桩或四桩以上承台的工程，抽检数量还不应少于相应桩数的30%	预制桩，桩体质量按一般结构检测即可满足要求。其承载力也可通过打桩过程测定，以此避免质量事故的发生	
成孔灌注桩和直径小于800mm的钻孔灌注桩	基桩应力波反射法（即低应变检测法）	用于桩身完整性检测 （1）地基基础设计等级为甲级的桩基，低应变检测数量为100% （2）地基基础设计等级为乙级和丙级的桩基，评价混凝土灌注桩桩身完整性采用低应变时，抽检数量不应少于同条件下总桩数的50%，且不得少于20根，每个承台抽检桩数不得少于1根；对柱下四桩或四桩以上承台的工程，抽检数量还不应少于相应桩数的50%	灌注桩施工时，施工工序较多，质量事故较多，所以桩基础的检测重点是灌注桩	
冲孔、钻孔、人工挖孔桩和直径大于800mm的钻孔灌注桩	基桩应力波反射法或超声波投射法、钻芯法	用于桩身完整性检测 混凝土缺陷检测：对于直径不小于800mm的混凝土灌注桩，评价桩身完整性应增加钻芯法或声波透射法，抽检数量不应少于总桩数的10%，且不得少于10根		

6.3.6.3 任务实施开展

查看施工图，填写桩信息（图 6-24 和表 6-20）。

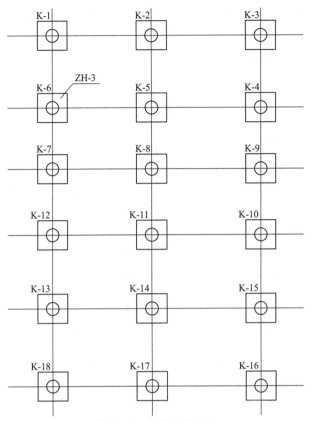

图 6-24 桩施工图示意

表 6-20 桩施工图中的桩信息

泥浆护壁机械成孔灌注桩	桩径/mm	受力性质	混凝土强度等级	有效桩长/mm	全截面进入持力层/m	钢筋笼主筋	纵筋锚入承台长度	桩顶进入承台/mm	钢筋笼长度	箍筋		加强箍筋与纵筋焊接	单桩承载力特征值(抗压承载力)/kN	单桩竖向极限承载力静载荷实验值(抗压极限承载力)/kN	桩顶标高/m	孔底沉渣/mm	总桩数量/根
										桩顶5倍桩径	其余范围						
ZH-3	φ600	受压	C30	47~56	0.7	8B14	35d	50	通长	A8@100	A8@250	C12@2000	2500	5000	承台底+0.05	≤50	18

注：A 表示一级钢筋 HPB235，B 表示二级钢筋 HRB335，C 表示三级钢筋 HRB400，d 表示钢筋直径。

（1）实训要求。打开某工程桩基布置图，利用 CAD 软件将桩编号，并导出坐标文件。在 CAD 或天正软件安装"桩编号及坐标导出"插件，可以提升效率。

（2）实训指导。技术术语说明如下。

施工计划——填写工程桩施工计划和围护桩施工计划。

验收区域配置——自定义验收区域名称及填写验收区域的范围（轴线）。

桩型配置——自定义桩型，按图纸及静载实际情况输入。

设计配置——自定义配置名称，按图纸输入。

桩配置——新增桩后选择桩型等配置信息可生成具体桩，可在桩清单中查看。

桩清单——查看和编辑每根桩信息。

（3）实训成果。桩信息实训见表6-21。

表6-21 桩信息实训

桩编号		桩类型	桩用途	
成孔方式		桩顶标高	桩型	
桩位坐标		配置名称	桩径	
		承载性状	受力特征	
设计桩长		混凝土名称	混凝土强度	
加劲箍筋		螺旋箍筋加密区长度	保护层厚度	
主筋锚固长度		超灌高度	设计方量	
设计充盈系数		上部主筋值	螺旋箍筋值	

（4）实施步骤。步骤一：查看施工图，查阅施工资料获得信息见表6-22。

表6-22 桩信息实训

工程桩施工计划	信息来源	案例一	说明
设计总桩数	设计图纸	18根	工程桩施工计划，由现场施工员填写，提交监理审核
计划开始日期	计划		
计划结束日期	计划		
工期	计划		
桩位图等信息	设计图纸		

完成桩型配置，如图6-25所示，提交审核。

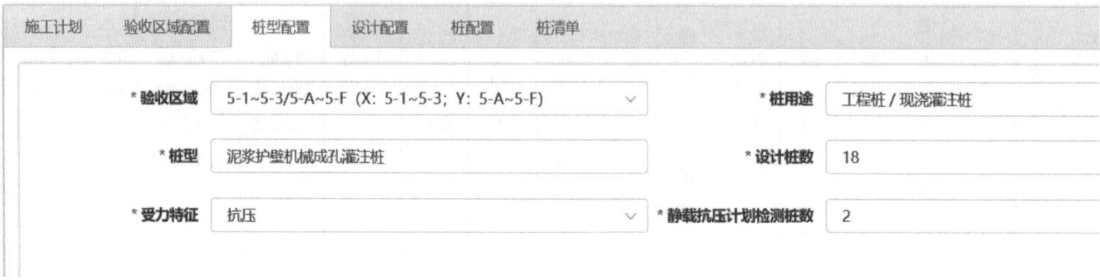

图6-25 桩型配置示意

根据工程归属信息（图6-26），本项目对应的监理王一将收到提交信息。

查阅图6-26中监理单位王一的账号信息，登录审核。

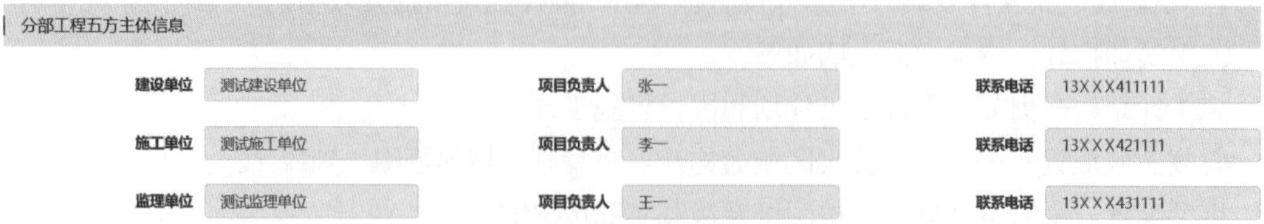

图6-26 五方主体信息示意

步骤二：查阅施工图纸，填写"设计配置"和"桩配置"信息（图6-27）。

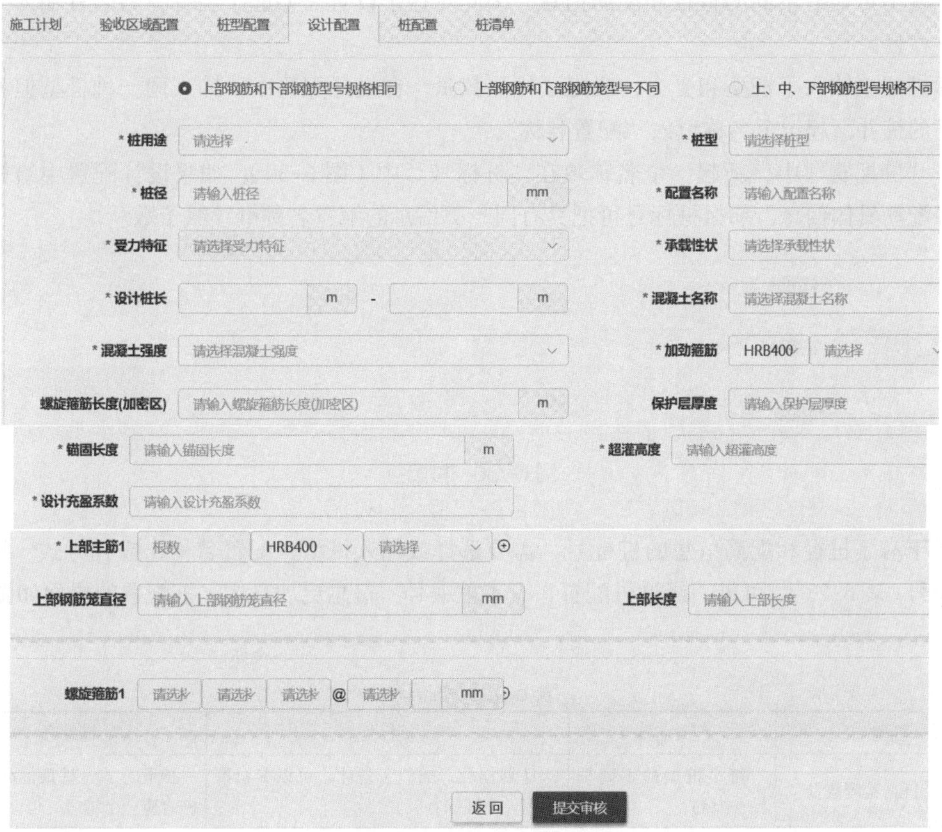

图6-27 设计配置界面

步骤三：查阅施工图纸，填写"桩配置"信息（图6-28）。

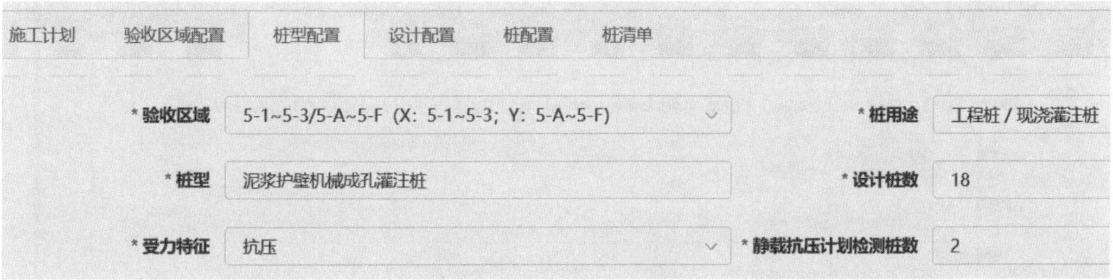

图6-28 桩型配置界面

在"桩型配置"中，仅设置了桩型和受力特征，但是没有桩径及钢筋等信息（图6-29）。

图6-29 设计配置界面

由前面操作，在"设计配置"中，选择桩型，需要输入除了受力特征以外的设计配筋信息。每一个桩型可能有不同的桩径和配筋信息，因此对这个设置需要起个名称，将名称输入"配置名称"栏目。

即桩配置输入了桩型和受力，决定了检测数量；在设计配置中，输入同一种桩型但不同桩径配筋的桩并新起一个名称填入"配置名称"。

在"桩配置"中，新起一个名称填在"桩标号"中（图6-30）。如果设计配置中给桩赋予了桩径配筋具体信息，那么桩标号可把具有同一类信息的配置名称继续赋予数量。

图6-30　桩配置

对于有了桩径和配筋信息的桩标号，需要选择或输入桩型、配置名称、成孔方式、桩顶标高并编号（表6-23）。可见，经过桩配置，有了桩编号，信息更加具体。桩配置的界面如图6-31所示。

表6-23　桩信息

桩型	配置名称	桩标号	桩编号
受力特征，检测数量	每个桩型的不同桩径、配筋	计划根数，类似于备注。可以多根桩对应一个桩标号	成孔方式，桩顶标高。一根桩对应一个编号

图6-31　桩配置的界面

这时可以在"桩配置"看到已配置根数（图6-32）。桩用途：指的是工程桩或围护桩。

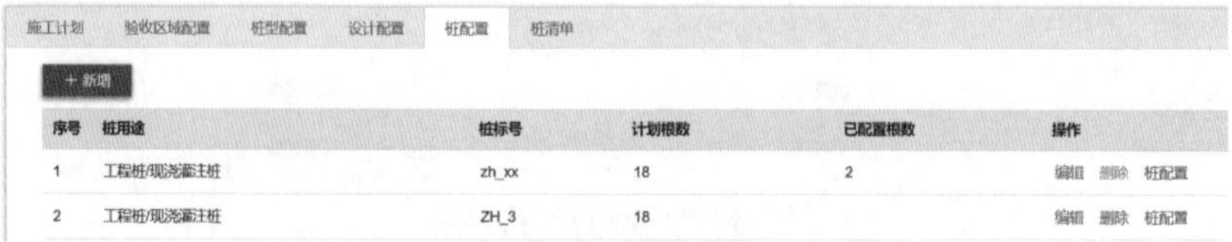

图6-32　桩配置填写完成的界面

任务6.4 桩机进场管理

知识目标： 1. 了解桩机规格、型号、工作内容
2. 了解智慧工地系统关于桩机的管理方式
3. 掌握灌注桩工序管理、材料管理、施工管理的内容

能力目标： 1. 能完成桩机入场系统设置
2. 能实施灌注桩工序管理、材料管理、施工管理工作

素质目标： 1. 培养现场桩基础管理技术和信息录入意识
2. 树立关于现场施工机械德尔注册、登记等管理意识

课前准备： 整理桩基础工序管理、材料管理、施工管理的工作流程

6.4.1 桩机管理

6.4.1.1 目标与要求

目标：熟悉桩机管理内容。

成果要求：完成线上工程桩机的登记、注册、使用、管理；施工员完成桩机使用管理。

6.4.1.2 任务实施指导

前序工作：桩机产权单位完成线上工程桩机的登记、注册、使用、管理。

下面由施工员完成桩机使用管理。

姓名：施工员一。身份证号码：33××××197708010000。联系电话：18×××111008。微信关注："智建之家"。登录账号：18×××111008。密码：111008。

微信小程序施工员扫码桩机入场如图 6-33 所示。扫描登记时平台发的二维码——桩机入场。桩机员扫码，进行灌注桩工序管理。

当桩机所有权单位上报的桩机审核没通过时，会出现如图 6-34 所示信息。

图 6-33 微信小程序施工员扫码桩机入场

图 6-34 桩机审核没通过提示

施工员对桩机的管理如下。

（1）桩机入场登记。例如：回旋钻机，机号，主钻杆长度，钻杆长度，入场时间。

（2）登录计算机端平台。查看桩机工作情况，填写表 6-24。

表 6-24 桩信息实训

序号	桩机名称	所属单位	桩机编号	桩机型号	机号
	桩机登记地	入场时间	离场时间	生产单位	出厂日期
序号	桩编号	施工状态	开始时间	结束时间	

查阅具体某一根桩的信息，填写表 6-25。

表 6-25　桩施工信息实训

序号	工序名称	开始时间	结束时间	所属阶段
1	开孔			
2	第 1 次加钻杆			
3	第 2 次加钻杆			
…	……			

桩机设备信息界面如图 6-35 所示。

图 6-35　桩机设备信息界面

6.4.2　灌注桩工序管理

6.4.2.1　目标与要求

目标：熟悉灌注桩工序。
成果要求：施工员、桩机员完成线上灌注桩工序管理；施工员完成某工序送审工作。

6.4.2.2　任务实施指导

前序工作：项目经理在平台输入工程信息经纬度：北纬_____；东经_____（图 6-36）。

图 6-36　北纬和东经输入界面

（1）回旋钻孔。前序工作：施工员或桩机员有权限扫描桩基二维码。施工员或桩机员关注微信"智建之家"，登录"智慧质监"。

施工员或桩机员递交开孔申请。

施工员或桩机员在工序过程管理中上传施工过程图片。记录：加钻杆时间→累计进尺→终孔时间→实际孔深。提交：终孔审核申请→一清（即第一次清孔，指将孔底钻渣清理干净符合要求后，准备安装钢筋笼）完成。

钢筋笼下放→登记下放时间→登记笼径、笼长、下放完成时间→提交钢筋笼下放完成，审核→提交二清（即第二次清孔，指安装好钢筋笼后清理干净孔底的沉渣符合要求后，准备浇筑混凝土），完成登记→填写沉渣和完成时间，提交申请→混凝土浇筑启动→登记材料型号规格、初灌方量、浇筑数量、浇筑时间，连续多次登记浇筑数量→本桩浇筑完成→混凝土实际用量→提交审核。扫一扫"桩机离场"，桩机可进入下一个位置。桩机登记二维码如图6-37所示。

图6-37 桩机登记二维码

（2）冲击钻孔。前序工作：施工员或桩机员有权限扫描桩基二维码。施工员或桩机员关注微信"智建之家"，登录"智慧质监"。

施工员或桩机员递交开孔申请。

笔记：_____
_____

（3）人工挖孔。前序工作：施工员或桩机员有权限扫描桩基二维码。施工员或桩机员关注微信"智建之家"，登录"智慧质监"。

施工员或桩机员递交开孔申请。

笔记：_____
_____

（4）旋挖钻孔。前序工作：施工员或桩机员有权限扫描桩基二维码。施工员或桩机员关注微信"智建之家"，登录"智慧质监"。

施工员或桩机员递交开孔申请。

笔记：_____
_____

（5）长螺旋钻孔。前序工作：施工员或桩机员有权限扫描桩基二维码。施工员或桩机员关注微信"智建之家"，登录"智慧质监"。

施工员或桩机员递交开孔申请。

笔记：_____
_____

6.4.3 灌注桩材料管理

6.4.3.1 目标与要求

目标：熟悉灌注桩工序。

成果要求：施工员、桩机员完成线上材料收货登记送审；监理员完成材料审核工作。

账号信息见表 6-26 和表 6-27。

表 6-26 账号信息（一）

现场人员	账号	姓名	身份证号码
施工员	18×××111008	施工员一	33××××197708010000
材料员	18×××111009	材料员一	33××××197709010000

姓名：施工员一。身份证号码：33××××197708010000。联系电话：18×××111008。
微信关注："智建之家"。登录账号：18×××111008。密码：111008。
姓名：材料员一。身份证号码：33××××197709010000。联系电话：18×××111009。
微信关注："智建之家"。登录账号：18×××111009。密码：111009。

表 6-27 账号信息（二）

现场人员	账号	姓名	身份证号码
总监理工程师	13×××431111	总监理工程师王一	33××××197301010000
见证员	13×××431112	见证员王二	33××××197501010000
安装监理员	13×××431113	安装监理员王三	33××××197503010000
土建专业监理工程师	13×××431115	土建专业监理工程师王五	33××××197505010000
土建监理员	13×××431116	土建监理员王六	33××××197506010000

姓名：土建监理员王六。微信关注："智建之家"。登录账号：13×××431116。密码：431116。

审核材料信息，填写审核意见。

数字化平台系统需要不断完善，工作中应善于思考、观察、发现问题，并尝试解决问题。请查阅资料，实践智慧建造平台，尝试解决以下问题。

①"检测管理"抽检、送检、检测、材料验收、钢筋报审一系列表和证明文件是否找到？
②"标点检测网"、检测单位、设备单位、虚拟工程的北纬、东经等开工信息有何意义？
③桩机的二维码的管理流程是怎样的？
④"材料管理"里面的材料报验，流程是如何的？

手机界面的审核材料信息如图 6-38 所示。

(a) 监理员(手机显示)　　　　(b) 材料员(手机显示)

图 6-38　手机界面的审核材料信息

6.4.3.2　钢筋报验

钢筋报验界面如图 6-39 所示。

图 6-39　钢筋报验界面

图 6-39 中数据来自材料检测机构联网数据，或者将检测结果进行人工报验。

钢筋材料取样批量和数量送检要求知识点如下。

① 热轧带肋钢筋每批由同一牌号、同一炉罐号、同一规格的钢筋组成，每批质量通常不大于 60t。每批钢筋应做 2 个拉伸试验、2 个弯曲试验。超过 60t 的部分，每增加 40t（或不足 40t 的余数），增加 1 个拉伸试样和 1 个弯曲试样。

② 热轧光圆钢筋每批由同一个牌号、同一炉罐号、同一尺寸的钢筋组成。每批质量通常不大于 60t。每批钢筋应做 2 个拉伸试验、2 个弯曲试验。超过 60t 的部分，每增加 40t（或不足 40t 的余数），增加 1 个拉伸试样和 1 个弯曲试样。

③ 余热处理钢筋每批由质量不大于 60t 的同一牌号、同一炉罐号、同一规格、同一交货状态的钢筋组成。每批钢筋应做 2 个拉伸试验、2 个弯曲试验。

④ 碳素结构钢每批由质量不大于 60t 的同一牌号、同一炉罐号、同一规格、同一交货状态的钢筋组成。用《碳素结构钢》验收的直条钢筋每批应做 1 个拉伸试验、1 个弯曲试验。

⑤ 冷轧带肋钢筋每批由同一牌号、同一外形、同一规格、同一生产工艺和同一交货状态的钢筋组成，每批不大于 60t，逐盘或逐捆做 1 个拉伸试验。牌号为 CRB550，每批做 2 个弯曲试验；牌号为 CRB650 及其以上，每批做 2 个反复弯曲试验。

商品混凝土报验界面如图 6-40 所示。

图 6-40 商品混凝土报验界面

提交完成商品混凝土报验。接下来要开展桩基施工工序。施工单位施工人员在总包工程已填写工地中心点经纬度的前提下（若工地未填写经纬度无法进行施工登记），登录"智建之家"或"智慧质监"小程序授权微信定位功能，若定位不在工地范围内将不允许进行施工登记。工程概况信息如图 6-41 所示。

图 6-41 工程概况信息

6.4.4 灌注桩施工管理

当一根桩完成设置，桩机入场之后，施工员手机微信管理工序，几个阶段需要提交监理员审核。

桩基施工员在检测登记页面登记工程相关检测报告，上传内容包含：标养试块检测、氯离子试块检测、静载检测、动测检测、钢筋焊接、机械连接。以上内容，列表会自动同步展示监管云平台的检测报告（图 6-42）。

图 6-42 检测结果登记

项目 7

综合实训

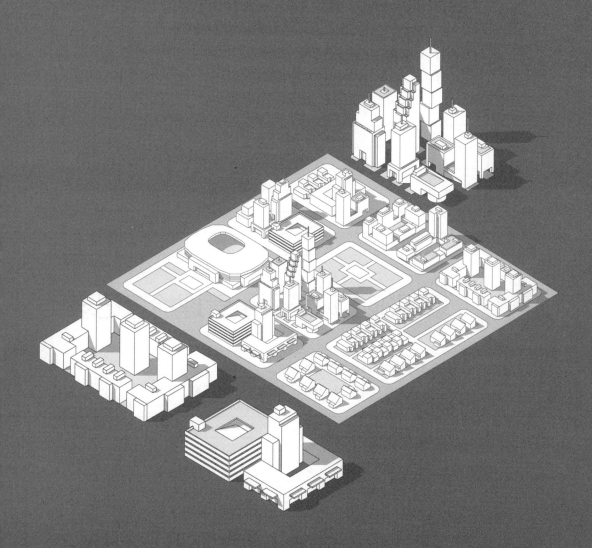

任务7.1 编写《建设工程文件归档规范》的学习导图

某项目建筑案例施工图纸

某项目结构案例施工图纸

① 查阅《建设工程文件归档规范》(GB/T 50328—2019),补充完善下面学习导图的绘制。

```
按规范确定整理建设工程文件范围 ┤_____
                              ├_____
                              └_____
     ↓
   归档
     ↓
   验收
     ↓
   移交——移交格式 ┤ 1._____
                  └ _____
```

② 资料的分类。参观某公司建设资料管理办公室。将该公司的资料分类规律记录下来,比较找出与《建设工程文件归档规范》和表1-2中的分类异同点,小组分析讨论原因,记录下来。

不同点:_____
_____
_____
_____

原因分析:_____
_____
_____
_____

任务7.2 填写施工现场质量管理检查记录

任务要求:检查项目相应资料,填写表7-1。

表7-1 施工现场质量管理检查记录

开工日期:

工程名称		施工许可证(开工证)	
建设单位		项目负责人	
设计单位		项目负责人	
监理单位		总监理工程师	
施工单位		项目经理		项目技术负责人	

续表

序号	项目	内容
1	项目部质量管理体系	
2	现场质量责任制	
3	主要专业工种操作上岗证书	
4	分包单位管理制度	
5	施图纸会审记录	
6	地质勘察资料	
7	施工技术标准	
8	施工组织设计、施工方案编制及审批	
9	物资采购管理制度	
10	施工设施和机械设备管理制度	
11	计量设备配备	
12	检测试验管理制度	
13	工程质量检查验收制度	

自检结果： 　　　　　　　　　　　　　　　　　　检查结论：

施工单位项目负责人：　　　　　　年　月　日　　总监理工程师：　　　　　　　年　月　日

注：本页可取下，在施工现场或实训室模拟检查后填写。

施工现场质量管理检查记录相关知识见表7-2。

表7-2　施工现场质量管理检查记录相关知识

序号	项目	解释与相关知识
1	现场质量管理制度	（1）主要是图纸会审、设计交底、技术交底、施工组织设计编制与审批程序、质量预控措施、质量检查制度、各工序之间交接检查制度、质量奖惩制度、质量例会制度和质量问题处理制度等 （2）根据工程的特点，特别制定工程项目的质量和技术管理制度等
2	质量责任制	施工现场的质量责任制一定要明确，要有组织机构图，责任明确到各专业，落实到个人
3	主要专业工种操作上岗证书	主要是测量工、试验工、预应力混凝土张拉工、钢筋工、混凝土工、架子工、电焊工、起重工、塔吊司机、机械工、电工等工种
4	分包主资质与对分包单位的管理制度	各专业承包单位的资质要齐全，要与其承揽业务范围相符，超出业务范围的均要办理特许证件。专业分包单位应有自身的管理制度，总承包单位要设置针对分包单位的管理制度
5	施工图审查情况	查看施工图审查意见书。若图纸是分批出图，施工图审查可分阶段进行
6	地质勘察资料	有勘察资质的单位出具的地质勘察报告，地下施工方案制定和施工组织总平面图编制时参考等
7	施工组织设计、施工方案及审批	编写内容要齐全，审批手续要完善
8	施工技术标准	是分项工程操作的依据，是保证工程质量的基础，承建企业应有不低于国家质量验收规范的操作规程等企业标准。但企业标准要有相应的批准程序，由企业总工程师、技术委员会负责人审查批准，要有批准日期、执行日期、企业标准编号及名称。在工程施工前要明确选用技术标准，可以选用国家标准、行业标准、地方标准和企业标准

续表

序号	项目	解释与相关知识
9	工程质量检验制度	包括三个方面的检查：一是主要原材料、设备进场检验制度；二是施工过程的施工试验报告检查制度；三是竣工后的抽查检测制度。应专门制定抽测项目、抽测时间、抽测单位等计划，使监理单位、建设单位、施工单位都做到心中有数，而保证工程质量
10	搅拌站及计量设置	主要是说明设置在工地现场搅拌站的计量设置情况，现场搅拌的管理制度等。当采用预拌混凝土不设搅拌站时，不需要检查这项内容
11	现场材料、设备存放与管理	施工单位要根据材料设备性能制定相应的管理制度，根据现场条件建立库房，保证材料设备的正常使用
12	上述内容检查合格后，检查结论为"现场质量管理制度基本完整"	总监理工程师或建设单位项目负责人进行签字，不得代签
13	工作环节应注意的问题以及处理简单问题	（1）直接将有关资料的名称写上，资料较多时，也可将有关资料进行编号，将编号写上，注明份数 （2）填表时间是在开工之前，总监理工程师或建设单位项目负责人应对施工现场进行检查 （3）应由施工单位项目负责人填写，将有关的原件或复印件附在后面，请总监理工程师或建设单位项目负责人验收检查。验收核查后，返还施工单位，并签字认可 （4）如验收不合格，单位必须限期整改，整改合格后方可开工

任务7.3 编写施工资料明细表

查阅《建设工程文件归档规范》，填写施工资料明细（表7-3）。

表7-3 施工资料明细（含C1～C8）

C1	施工管理文件					
	文件名称	来源	形成责任人	形成时间	整理人	保管人	份数
1							

C2	施工技术文件					
	文件名称	来源	形成责任人	形成时间	整理人	保管人	份数
1							

续表

C3	施工进度造价文件						
	文件名称	来源	形成责任人	形成时间	整理人	保管人	份数
1							
C4	施工物资资料						
	文件名称	来源	形成责任人	形成时间	整理人	保管人	份数
1							

注：本表用于训练编制资料计划，请熟悉这种资料管理方式，了解资料收集、使用、归档时具体应该做哪些内容。刚开始学做资料，可以只完成上面表格的部分内容，填写 2～5 条即可。也可以根据要求，按本表样式自己制作附页，将活页补充在任务 7.3 后面。

任务7.4 标注建设单位管理资料存档要求

在表 7-4 中默写并标注存档要求。必须归档保存用符号"▲"表示，选择性归档保存用符号"△"表示。

表 7-4 建设单位管理资料归档范围

类别	归档文件	保存单位				
		建设单位	设计单位	施工单位	监理单位	城建档案馆
工程准备阶段文件（A 类）						
A1	立项文件					
1	项目建议书批复文件及项目建议书	▲				▲
2						
3						
4						
A2	建设用地、拆迁文件					
1						

续表

类别	归档文件	保存单位				
		建设单位	设计单位	施工单位	监理单位	城建档案馆
2						
3						
4						
5						
6						
A3	勘察、设计文件					
1						
2						
3						
4						
5						
6						
7						
8						
A4	招投标文件					
1						
2						
3						
4						
5						
6						
A5	开工审批文件					
1						
2						
A6	工程造价文件					
1						
2						
3						
4						
5						
A7	工程建设基本信息					
1						
2						
3						
4						

任务7.5 填写建筑工程施工许可申请表

整理办理施工许可证必须准备的材料,检查后填写表 7-5 和表 7-6。

表 7-5 建筑工程施工许可申请表　　　　　　　　　　　　　　样式 1

建设单位名称		所有制性质	
建设单位地址		电话	
法定代表人		领证人	
工程名称			
建设地点			
合同价格			
建设规模			
结构类型			
合同开工日期		合同竣工日期	

施工总包单位:	施工分包单位
(施工单位加盖公章)	(分包施工单位加盖公章)

申请单位:与《建设工程规划许可证》一致

　　　　　　　　　　　　　　　　　　　　　法定代表人(签章)　　单位(签章)

　　　　　　　　　　　　　　　　　　　　　　　　　　　　　　　　　年　月　日

表 7-6 建筑工程施工许可申请表　　　　　　　　　　　　　　样式 2

建设工程用地许可证	
建设工程规划许可证	
拆迁许可证或施工现场是否具备施工条件	
中标通知书及施工合同	
施工图纸及技术资料	
施工组织设计	
监理合同或建设单位工程技术人员情况	
质量、安全监督手续	
资金保函或证明	
其他资料	

审查意见:

　　　　　　　　　　　　　　　　　　　　　　　　　(发证机关盖章)

　　　　　　　　　　　　　　　　　　　　　　　审查人:　年　月　日

注:此栏中应填写文件或证明材料的编号。没有编号的,应由经办人审查文件或资料是否完备。

任务7.6 编写监理规划

查阅资料、实地调研,编制监理规划资料样板。然后根据实际工程资料,补充完整。参考格式如图 7-1 所示。监理规划填写知识技能见表 7-1。

```
———— 工程监理规划

项目名称:              监理部(章):
编制人(总监理工程师):  编制时间:
审批人(公司技术总负责人):审批时间:
```

(a) 封面

```
            目  录
一、工程项目概况
二、监理阶段、监理工作范围
三、监理工作目标
四、监理工作内容
五、监理工作依据
六、项目监理机构的组织形式
七、监理人员配备计划
八、监理人员岗位职责
九、监理工作程序
十、监理工作方法及措施
十一、监理部的监理工作制度
十二、监理设施
```

(b) 目录

图 7-1 监理规划文件格式

表 7-7 监理规划填写知识技能

文件名称	监理规划
保存数量	4 份
保存单位	建设单位、施工单位、监理单位、城建档案馆
审批	在总监理工程师的主持下编制、经监理单位技术负责人批准
表格来源	《建筑工程资料管理规程》(JGJ/T 185—2009);《建设工程监理规范》(GB/T 50319—2013)
如何获得表格应填写的内容	查阅合同、施工图,特别是施工图的设计说明条文
基础知识与填写技能	监理规划的编制应针对项目的实际情况,明确监理的工作目标,确定具体的监理工作制度、程序、方法和措施,并应具有可操作性。监理规划的内容应该对工程监理的各个阶段做什么、怎样做、何时做、谁来做等问题做出具体答复 (1) 监理规划的程序:①监理规划应在签订委托监理合同并收到设计文件后开始编制;②监理规划应由总监理工程师主持,专业监理工程师参加编制;③监理规划编制完成后,必须经监理单位技术负责人审核批准,并应在召开第一次工地会议前报送建设单位;④在监理工作实施过程中,如实际情况或条件发生重大变化,而需要调整监理规划时,应由总监理工程师组织专业监理工程师研究修改,按原报审程序经过批准后报建设单位 (2) 监理规划的内容:①工程项目概况;②监理工作范围;③监理工作内容;④监理工作目标;⑤监理工作依据;⑥项目监理机构的组织形式;⑦项目监理机构的人员配备计划;⑧项目监理机构的人员岗位职责;⑨监理工作程序;⑩监理工作方法及措施;⑪监理工作制度
填写	"——"符号表示无此项,没有此项也可以空着不填;计划开工日期写某年某月某日;具体数据要写单位,如"m^2""m"等

任务7.7 编写监理细则

查阅资料、实地调研,编制监理细则资料样板。然后根据实际工程资料,补充完整。参考格式如图 7-2 所示。监理细则填写知识技能见表 7-8。旁站主要项目清单见表 7-9。

```
_____(工程名称)
        监理细则
       (旁站部分)


   编制人:_____
   审批人:_____
   时间:_____


   _____工程项目管理有限公司
```

```
         目  录

一、工程项目概况
二、旁站依据
三、旁站监理的范围和内容
四、旁站监理人员职责
五、旁站监理的程序和方
六、施工现场质量检查记式
七、旁站监理记录
```

(a) 封面　　　　　　　　　　　　(b) 目录

图 7-2　监理细则文件格式

表 7-8　监理细则填写知识技能

文件名称	监理细则
保存数量	不归档
保存单位	施工单位、监理单位保存备查
签字	总监理工程师或建设单位项目负责人
表格来源	《建筑工程资料管理规程》(JGJ/T 185—2009);《建设工程监理规范》(GB/T 50319—2013)
如何获得表格应填写的内容	这是一个由施工单位准备检查项目内容,监理单位检查并给出检查结论的表格。需要了解满足哪些条件可以开工,以便及时做好准备工作 此表是对项目开工时现场质量管理制度等的全面检查记录
基础知识与填写技能	监理细则:对中型及以上的工程项目或专业性较强的工程项目,项目监理机构应编制监理实施细则。监理实施细则应符合监理规划的要求,并应结合工程项目的专业特点,做到详细具体,具有可操作性 监理细则编写程序:①监理实施细则应在相应工程施工开始前编制完成;②监理实施细则应由专业监理工程师编制;③监理实施细则必须经总监理工程师批准;④在监理工作实施过程中,监理实施细则应根据实际情况进行补充、修改和完善 监理细则内容:①专业工程的特点;②监理工作流程;③监理工作方法及措施

表 7-9　旁站主要项目清单

分部工程	子分部工程	分项工程	工序名称（质量控制点）
地基与基础	无支护土方	土方开挖	土方开挖标高、长度、宽度、边坡尺寸
		土方回填	标高、分层压实系数
	有支护土方	混凝土灌注桩	（1）成孔过程（桩位测放、孔径、孔深、泥浆密度、沉渣厚度）；（2）钢筋笼连接（焊接长度、焊接质量、钢筋笼长度与标高）；（3）水下混凝土浇筑（水泥品种、标号、砂石质量、混凝土配合比计量、坍落度、混凝土充盈系数）
		水泥搅拌桩	桩位测放、桩径、桩长、水泥品种、标号、用量、水灰比、注浆压力
		混凝土支撑	（1）混凝土浇筑（原材料、配合比、外加剂、坍落度、强度等级、振捣）；（2）混凝土试块取样制作
	桩基	混凝土灌注桩	（1）成孔过程（桩位测放、孔径、孔深、泥浆密度、沉渣厚度）；（2）钢筋笼连接（焊接长度、焊接质量、钢筋笼长度与标高）；（3）水下混凝土浇筑（水泥品种、标号、砂石质量、混凝土配合比计量、坍落度、混凝土充盈系数）
		预应力管桩	桩型、桩径、桩长、桩顶标高、接头质量、锤重、锤落距
		桩基检测	按检测专项方案
	地下防水	防水混凝土	（1）防水混凝土浇筑（原材料、配合比、外加剂、坍落度、强度等级、振捣）；（2）抗压抗渗试块取样制作；（3）后浇带、变形缝、施工缝处理；（4）穿墙管道、埋设件构造处理
		卷材防水层	（1）基层处理；（2）卷材材质、淋水检验、蓄水检验、防水层细部构造
		涂膜防水层	（1）基层处理；（2）防水涂料材质、淋水检验、蓄水检验、防水层细部构造
	混凝土基础	混凝土	（1）混凝土浇筑（原材料、配合比、外加剂、坍落度、强度等级、振捣）；（2）后浇带、变形缝、施工缝处理；（3）混凝土试块取样制作
		后浇带混凝土	（1）后浇带钢筋、施工缝处理；（2）混凝土浇筑（原材料、配合比、外加剂、坍落度、强度等级、振捣）
主体结构	混凝土结构	钢筋（梁、柱、墙节点）	（1）节点主筋规格、数量、直径、锚固长度；（2）梁柱主筋叠放层次；（3）箍筋加密、构造筋
		混凝土	（1）混凝土浇筑（原材料、配合比、外加剂、坍落度、强度等级、振捣）；（2）施工缝处理；（3）混凝土试块制作；（4）结构实体检测；（5）钢筋保护层厚度检测
建筑屋面	卷材、涂膜、刚性防水屋面	卷材防水层	（1）找平层材质、配合比、排水坡度；（2）保温材料材质、保温层含水率；（3）卷材材质、淋水检验、蓄水检验、防水层细部构造
		涂膜防水层	（1）找平层材质、配合比、排水坡度；（2）保温材料材质、保温层含水率；（3）防水涂料材质、淋水检验、蓄水检验、防水层细部构造
		细石混凝土防水层	（1）细石混凝土原料、配合比；（2）淋水、蓄水检验、防水层细部构造
		保温层	保温材料材质、保温层含水率、分格缝设置和处理
		细部构造	天沟、泛水、伸缩缝及出屋面管道四周处理、天沟蓄水试验
建筑装饰装修	门窗	塑钢门窗	门窗冲淋试验

旁站监理采用现场监督、检查的方式。

旁站监理的程序如下：施工企业根据监理企业制定的旁站监理方案，在需要实施旁站监理的关键部位、关键工序进行施工前24h，应书面通知监理企业派驻工地的项目监理机构，项目监理机构应安排旁站人员按照旁站方案实施旁站监理；对旁站监理人员进行旁站技术交底，配备旁站监理设施；对施工单位人员、机械、材料、施工方案、安全措施及上一道工序质量报验等进行检查；具备旁站监理条件时，旁站人员按照旁站监理内容实施旁站监理工作，并做好旁站监理记录；旁站监理过程中，旁站监理人员发现施工质量和安全隐患时，应及时上报；旁站结束后，旁站监理人员在旁站记录上签字；旁站监理记录是监理工程师或总监理工程师依法行使有关签字权的重要依据，对于需要旁站监理的关键部位、关键工序施工，凡没有实施旁站监理或没有旁站、旁站监理记录的，监理工程师或总监理工程师不得在相应文件上签字，在工程竣工验收后监理企业将旁站监理记录存档备查。

任务7.8 编写监理月报

查阅资料、实地调研，编制监理月报和监理台账资料样板。然后根据实际工程资料，补充完整。参考格式如图7-3和图7-4所示。监理月报填写知识技能见表7-10。

×××建设工程监理有限公司

监 理 资 料

现场监理篇(二十四)

• 监理月报

______工程项目管理有限公司

(a) 封面

监 理 台 账

表名	监理报告(月报、专题报告等)台账	工程名称		编号	E-22	本表号	
序号	成文时间	内容摘要	编制人	审核人	发送单位	签收人	备注

(b) 目录

图7-3 监理台账文件格式

```
浙建监D3
                                        _____工程

              建 设 监 理 工 作 月 报

              ┌─────────────────────────────┐
              │ 内容提要：                   │
              │ □ 本月工程情况概要           │
              │ □ 本月工程质量控制情况评析   │
              │ □ 本月工程进度控制情况评析   │
              │ □ 本月工程费用控制情况评析   │
              └─────────────────────────────┘

                        第_____期
              _____年____月____日至_____年____月____日

              项目监理组(章)：_____
              总监理工程师：_____
              日      期：_____
```

图7-4 监理月报文件格式（封面）

参照图7-4制作一份建设监理工作月服。

表7-10 监理月报填写知识技能

文件名称	监理月报
保存数量	3份
保存单位	建设单位、施工单位、监理单位
签字	由项目经理部盖章，项目经理签字，和附件一起交专业监理工程师审查签字，再交总监理工程师签字（或建设单位项目负责人），监理单位盖章
表格来源	《建筑工程资料管理规程》(JGJ/T 185—2009)；《建设工程监理规范》(GB/T 50319—2013)
如何获得表格应填写的内容	项目当月工程质量、进度、合同、文明施工、各方检查等方面存在的问题和解决措施，实施效果等实际情况
基础知识与填写技能	（1）本月工程概况 （2）本月工程形象进度 （3）工程进度：本月实际完成情况与计划进度比较；进度完成情况及采取措施效果分析 （4）工程质量：本月工程质量情况分析；本月采取的工程质量措施及效果 （5）工程计量与工程款支付：工程量审核情况；工程款审批情况及月支付情况；工程款支付情况分析；本月采取的措施及效果 （6）工程安全 （7）合同其他事项的处理情况：工程变更；工程延期；费用索赔 （8）本月监理工作小结：本月进度、质量、工程款支付、安全监理等方面情况的综合评价；本月监理工作情况；有关本工程的意见和建议；下月监理工作的重点
填写	具体指出资料是否齐全，是否具有施工能力，并签字、盖单位章

任务7.9 编写监理总结

查阅资料、实地调研,编制建设监理工作总结样板。然后根据实际工程资料,补充完整。参考图 7-5。监理总结填写知识技能见表 7-11。

建 设 监 理 工 作 总 结

内容提要:
一、工程概况
二、项目监理组织机构、监理人员
三、施工概况及对承包商评价意见
四、监理合同履行情况
五、监理工作成效
六、施工过程中出现的问题及其处理情况和建议
七、监理体会、经验、建议
八、其他需要说明的问题

工程名称:_____
建设单位:_____
承包单位:_____
设计单位:_____
项目总监:_____
监理机构:_____

报告日期 _____年_____月____日

图 7-5 监理工作总结文件格式(封面)

参照图 7-5 制作一份监理工作总结文件。

表 7-11 监理总结填写知识技能

文件名称	监理总结
保存数量	4 份
保存单位	建设单位、施工单位、监理单位、城建档案馆
签字	总监理工程师或建设单位项目负责人
表格来源	中华人民共和国行业标准《建筑工程资料管理规程》(JGJ/T 185—2009);《建设工程监理规范》(GB/T 50319—2013)
如何获得表格应填写的内容	时间、地点、参加人员、陪同参加人员信息、证物、证据、被调查人信息、各方签字、调查记录内容
基础知识填写技能	工程完工后,施工单位向项目监理机构填报工程竣工验收报审表。总监理工程师组织专业监理工程师对施工单位申报的竣工验收资料进行审核,如不符合要求,下发监理工程师通知书责令施工单位整改,总监理工程师签署验收意见 《建设工程监理规范》(GB/T 50319—2013)中 7.3 节对监理工作总结有所规定:监理总结有工程竣工总结、专题总结、月报总结三类,按照《建设工程文件归档整理规范》的要求,三类总结在建设单位都属于要长期保存的归档文件,专题总结和月报总结在监理单位是短期保存的归档文件,而工程竣工总结属于要报送城建档案管理部门的监理归档文件

续表

文件名称	监理总结
基础知识填写技能	工程竣工的监理总结内容有六点： ①工程概况；②监理组织机构、监理人员和投入的监理设施；③监理合同履行情况；④监理工作成效；⑤施工过程中出现的问题及其处理情况和建议（该内容为总结的要点，主要内容有质量问题、质量事故、合同争议、违约、索赔等处理情况）；⑥工程照片（有必要时）
填写	调查单位填写，监理单位陪同。现场照片。各方签字

任务7.10　编写监理旁站方案和记录

请独立编制监理旁站方案和记录的前1～3页。监理旁站方案和记录填写知识技能见表7-12。

表7-12　监理旁站方案和记录填写知识技能

文件名称	监理旁站方案和记录
保存数量	4份
保存单位	建设单位、施工单位、监理单位、城建档案馆
签字	总监理工程师或建设单位项目负责人
表格来源	（此项学生填写）
规范的网址	（此项学生填写）
如何获得表格应填写的内容	经过、后果、原因。措施、处理意见、处理效果
基础知识与填写技能	对隐蔽工程的隐蔽过程，下道工序施工完成后难以检查的关键部位和重要工序的施工过程，总监理工程师根据工程需要，及时安排监理人员进行旁站监理，并认真做好旁站监理记录。本工程需旁站部位有： （1）混凝土灌注桩、桩基施工全过程，基桩检测，起重机械基础浇筑； （2）土方开挖及回填土，基坑支护（支护桩等）施工； （3）混凝土浇筑、混凝土后浇带、防水混凝土施工； （4）地下、地上水平、垂直施工缝处理，变形缝施工； （5）框架梁、柱节点钢筋施工及隐蔽过程； （6）圈梁、构造柱、过梁、压顶、板带、拉墙筋钢筋施工及隐蔽过程； （7）地下室、屋面、卫生间、阳台防水层细部构造处理； （8）地下室、屋面、卫生间、阳台防水层施工； （9）给、排水管道穿卫生间楼面洞口的封堵施工； （10）外墙门窗框与墙体间缝隙的施工； （11）水、暖、电、卫、通风工程的关键部位的安装与调试； （12）土建、安装等建筑节能施工
填写要求	（此项学生填写）

任务7.11 编写监理评估报告

请独立编制监理评估报告的前 1～3 页。监理评估报告填写知识技能见表 7-13。

表 7-13 监理评估报告填写知识技能

文件名称	监理评估报告
保存数量	4 份（选择性存档）
保存单位	建设单位、施工单位、监理单位、城建档案馆
签字	总监理工程师或建设单位项目负责人
表格来源	（此项学生填写）
填写要求	（此项学生填写）

任务7.12 填写监理日记

监理日记由专业监理工程师和监理员填写，监理日记和施工日记一样，都是反映工程施工过程的实录，在发现工程问题时，日记就会起到重要的作用。因此，认真、及时、真实、详细、全面地填写监理日记，对发现问题、解决问题、甚至仲裁、起诉都有作用。

请独立填写一份监理日记。监理日记填写知识技能见表 7-14。

表 7-14 监理日记填写知识技能

文件名称	监理日记
保存数量	4 份（选择性存档）
保存单位	建设单位、施工单位、监理单位、城建档案馆
签字	制表人
表格来源	（此项学生填写）
基础知识与填写技能	熟悉各合同段主要施工项目内容；熟悉当日监理机构主要工作内容，包括：审批、验收、旁站、指令、会议等；理清与建设单位、施工单位等的协调工作内容；熟悉见证取样、平行检验等内容

续表

文件名称	监理日记
监理日志主要内容	（1）当日材料、构配件、设备、人员变化的情况 （2）当日施工的相关部位、工序的质量、进度情况；材料使用情况；抽检、复检情况 （3）施工程序执行情况；人员、设备安排情况 （4）当日监理工程师发现的问题及处理情况 （5）当日进度执行情况；索赔（工期、费用）情况；安全文明施工情况 （6）有争议的问题，各方的相同和不同意见；协调情况 （7）天气、温度的情况，对某些工序质量的影响和采取措施与否 （8）承包单位提出的问题，监理人员的答复等
填写要求	监理日记有不同角度的记录，项目总监理工程师可以指定一名监理工程师对项目每天总的情况进行记录，也叫项目监理日志；专业工程监理工程师可以从专业的角度进行记录；监理员可以从负责的单位工程、分部工程、分项工程的具体部位施工情况进行记录，侧重点不同，记录的内容、范围也不同

监理日记示例见表 7-15。

表 7-15　监理日记示例

20××年5月25日 星期四	天气：晴	记录人：罗×	监理员签名　黄×
监理人员主要工作记录	（1）检查××佳苑一层梁板或柱（剪力墙）混凝土浇捣施工情况 （2）检查施工现场安全文明施工情况 （注：要详细记录当日监理检查承包商当天工程施工作业部位）			
施工人员状况及设备状况	施工人员15人。质安员：杨×。混凝土工20人已到位。振动棒3台。振动板3台，该设备已验收合格且使用情况正常			
材料进场报验与使用控制	××混凝土公司商品混凝土561m³，标号C35，拟用于××佳苑一层梁板或柱（剪力墙），出厂合格证齐全、已见证取样 （注：详细记录当日进场的原材料名称、数量、规格、产地、拟用部位及见证取样、检测情况，产品合格证、使用说明书、质保书等是否齐全。如当天没有材料进场则说明没材料进场即可）			
质量控制	检查混凝土配合比通知单及标号是否符合要求；检查混凝土浇捣方法是否符合施工方案要求，浇捣是否良好（或有问题）；观察浇捣过程中钢筋位置，模板变形情况；观察混凝土和易性，抽捡混凝土坍落度为12mm,符合混凝土配合比的要求，严禁现场加水；检查混凝土板厚度情况是否符合要求；检查混凝土浇捣前模板淋水情况是否符合要求；检查梁板混凝土表面平整度是否符合要求（如果存在问题就列明，例如：发现部分梁内模板锯屑、木条、扣件等杂物较多，发现钢筋位置偏移过大或楼面钢筋踩塌严重或混凝土保护层厚控制不好；发现有胀模、漏浆现象；混凝土浇捣顺序不连续，新旧混凝土连接不好；接槎处杂物未清理干净；混凝土振捣顺序不对，某处振捣力度不够，可能出现漏振）			
进度控制	本天的施工进度正常（或比计划进度滞后）			
投资控制	投资控制正常，没有工程量增加签证			
安全、协调方面存在的问题	（1）安全方面 ①部分混凝土工未佩戴安全帽作业 ②架体垂直度偏差大 ③临时用电乱拖乱接 ④施工现场消防设施不足够 或今天对脚手架、垂直运输设备等重大危险源进行检查，未发现安全隐患 （注：要详细记录当日施工现场存在的安全问题） （2）协调方面：对施工中各单位需要协调的问题，各单位已经协调一致			

有关问题的处理措施及结果	口头要求施工单位质安员杨 × 及时进行相应整改,施工单位能及时做出整改,该部位的施工质量合格。针对存在的安全隐患,施工单位能及时做出整改(或未能及时整改,发1号监理工程师通知单和1号安全隐患整改通知单,要求施工单位限期整改)
备忘	当天如有召开例会、总监巡查现场、复查监理通知单、安全评价、每月2次安全检查的要记录清楚

总监(或总监代表)确签名:黄 ×

任务7.13 拍摄监理工作情境视频

下面是13个监理工作程序图(图7-6～图7-18),请任选1个流程,小组设计剧情并拍摄工作情境视频。请将设计好的剧本附在本项任务的后面。

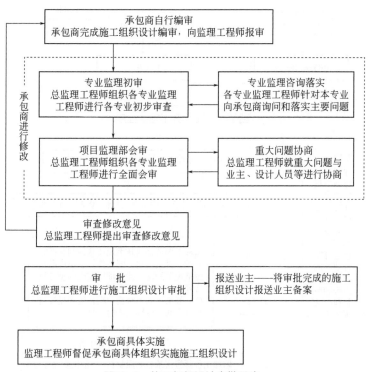

图7-6 施工组织设计审批程序

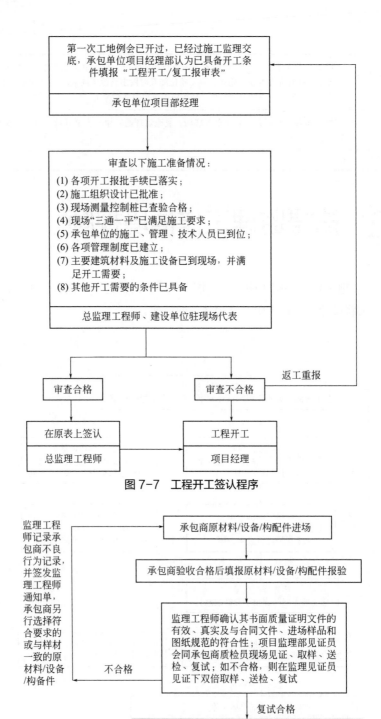

图 7-7 工程开工签认程序

图 7-8 原材料/设备/构配件进场验收程序

图 7-9 隐蔽工程检验程序

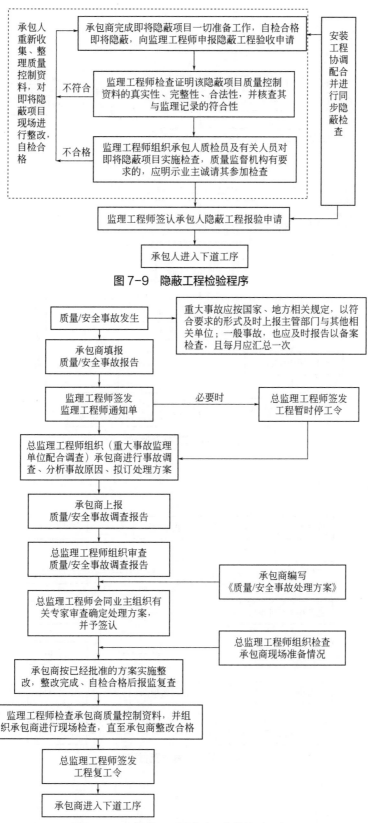

图 7-10 工程施工质量安全/事故处理程序

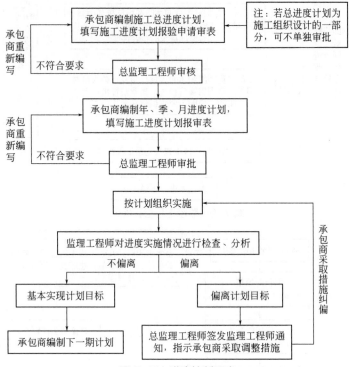

图 7-11 进度控制程序

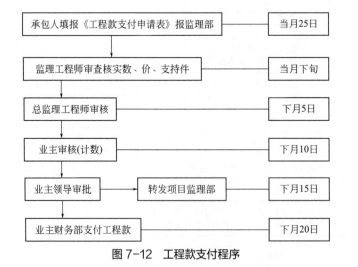

图 7-12 工程款支付程序

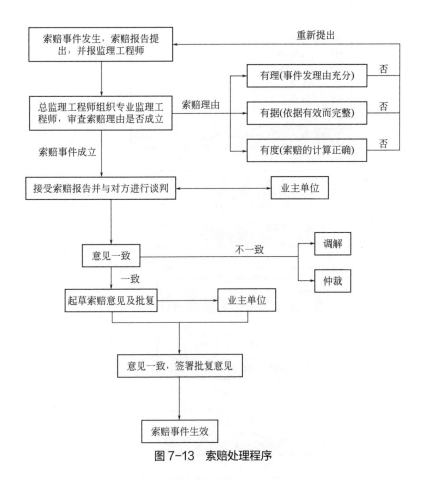

图 7-13　索赔处理程序

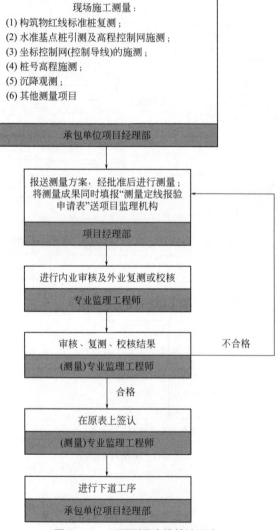

图 7-14 工程测量定线签认程序

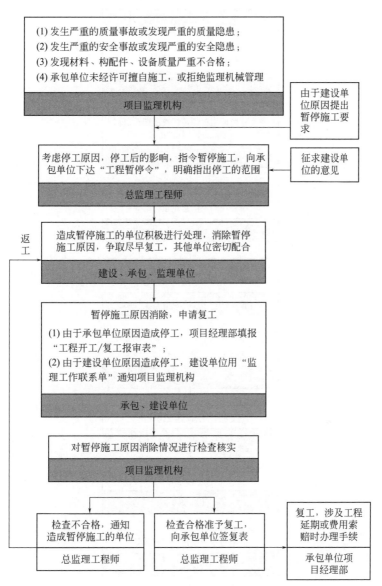

图 7-15 工程暂停施工、复工审批程序

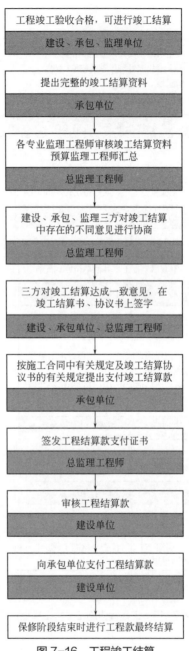

图 7-16 工程竣工结算

```
┌─────────────────────────────────────────────────────────┐
│              提出竣工验收要求                            │
│ (1) 组织各专业进行竣工自检且合格；                       │
│ (2) 各项施工资料已根据有关规定齐全且合格；               │
│ (3) 竣工档案完成，基本符合城建档案管理部门的要求；       │
│ (4) 填报"工程竣工报验单"                                 │
├─────────────────────────────────────────────────────────┤
│                  承包单位项目经理部                      │
└─────────────────────────────────────────────────────────┘
                            ↓
┌─────────────────────────────────────────────────────────┐
│ 组织各专业监理工程师审核竣工资料并现场检查工程完成情况   │
│ 及工程质量。进行内部验收，所属监理单位有关人员参加，     │
│ 发现问题时要求施工单位进行整改                           │
├─────────────────────────────────────────────────────────┤
│                    总监理工程师                          │
└─────────────────────────────────────────────────────────┘
                            ↓
┌─────────────────────────────────────────────────────────┐
│ (1) 组织项目监理机构、承包单位进行竣工预验，对发现的工程 │
│     缺陷要求承包单位整改；                               │
│ (2) 对竣工资料审核中发现的问题通知承包单位修正，并签批   │
│     表A10                                                │
├─────────────────────────────────────────────────────────┤
│                    总监理工程师                          │
└─────────────────────────────────────────────────────────┘
                            ↓
┌─────────────────────────────────────────────────────────┐
│ (1) 承包单位整改后，填写表A10并再次要求验收；            │
│ (2) 总监理工程师组织人员检查，认为合格后可进行正式验收， │
│     总监理工程师签复表A10；                              │
│ (3) 项目监理机构提出质量评估报告                         │
└─────────────────────────────────────────────────────────┘
                            ↓
┌─────────────────────────────────────────────────────────┐
│ (1) 组织承包、设计、监理、勘察单位有关人员进行正式验收； │
│ (2) 验收合格，各方在"竣工验收证书"上签字；               │
│ (3) 验收中出现的问题，承包单位限期整改合格               │
├─────────────────────────────────────────────────────────┤
│                      建设单位                            │
└─────────────────────────────────────────────────────────┘
                            ↓
┌──────────────┐    ┌─────────────────────────────────────┐
│ 做好工程     │    │ (1) 监督承包单位按期交出合格的竣工档案；│
│ 移交工作     │───→│ (2) 监督竣工结算工作；              │
├──────────────┤    │ (3) 工程进入质量保修期              │
│ 项目经理部   │    ├─────────────────────────────────────┤
└──────────────┘    │           项目监理机构              │
                    └─────────────────────────────────────┘
```

图 7-17 工程验收程序

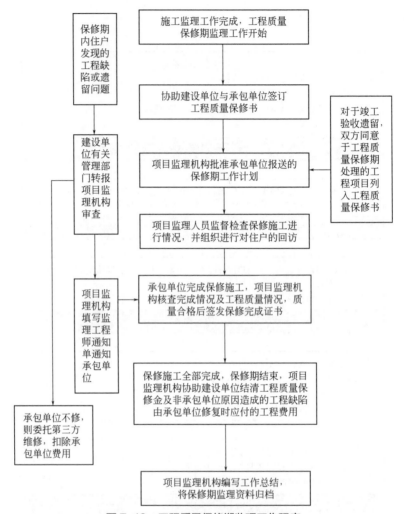

图 7-18 工程质量保修期监理工作程序

任务7.14 编写监理台账资料

查阅资料、实地调研监理台账、了解目录资料的具体内容，编制监理台账样板。然后根据实际工程资料，参考给定的监理工作表格样式，每张表至少练习填写 1～2 行，然后整理成一套模拟的监理台账资料。将制作好的监理台账资料活页附在本任务后面。

相关内容见图 7-19 和表 7-16～表 7-24。

```
                 监 理 台 账                           台账目录
   工程名称：××街道××社区大鹏组团              一、原材料试验台账
         1号楼原拆原建工程                      二、钢筋原材料试验台账
                                              三、钢筋焊接试验台账
                                              四、钢筋机械连接试验台账
                                              五、混凝土试块试验台账
   时间： 年 月 日~ 年 月 日                    六、水泥砂浆试块试验台账
       浙江××××管理有限公司                  七、监理单位发文登记台账
```

(a) 封面　　　　　　　　　　　　　　　　(b) 目录

图 7-19　监理台账文件格式

表 7-16　原材料试验台账

工程名称：　　　　　　　　　　　　　　　　　　　　　　　　　　　　第　页共　页

序号	试验编号	规格/批号	生产厂家	数量	材料使用部位	送样日期	报告编号/报告时间	结论	见证员	备注

表 7-17　钢筋原材料试验台账

工程名称：　　　　　　　　　　　　　　　　　　　　　　　　　　　　第　页共　页

序号	规格型号	生产厂家	使用部位	代表数量/t	进场日期	报告时间	报告编号	见证员	结论	备注

表 7-18　　　　　　　监理台账示例

表名	钢筋焊接（机械连接）试件封样台账		工程名称		安置房一期工程1#楼		编号		E-19	本表号	001
序号	焊接形式	钢筋规格	焊条规格	焊条合格证编号	结构部位	见证核查人	取样时间	检测时间	报告编号	检测结果	报告时间
1	单面搭接焊	φ12	φ4.0	009-00073	钢筋笼	刘伟良	2008年4月8日	2008年4月8日	I08040140	合格	2008年4月9日
2	单面搭接焊	φ14	φ4.0	009-00073	钢筋笼	刘伟良	2008年4月8日	2008年4月8日	I08040140	合格	2008年4月9日

注：本表与《工程材料/构配件/设备报审表》及《监理人员日记》配套使用。如为进口钢筋，则需附进口钢筋化学成分检验报告。

表 7-19　钢筋焊接试验台账

工程名称：　　　　　　　　　　　　　　　　　　　　　　　　　　　　第　页共　页

序号	规格型号	焊接方式	取样部位	见证取样日期	代表焊点/个	试验日期	报告编号	见证人	结论	备注

表 7-20　钢筋机械连接试验台账

工程名称：　　　　　　　　　　　　　　　　　　　　　　　　　　　　第　页共　页

序号	规格型号	焊接方式	取样部位	见证取样日期	代表数量/支	试验日期	报告编号	见证人	结论	备注

表 7-21 混凝土试块试验台账（水泥砂浆）

工程名称： 第 页共 页

序号	强度等级	代表部位	成型日期	送样日期	见证人	试块强度/MPa	龄期	报告编号	备注

表 7-22 混凝土试块试验台账

工程名称： 第 页共 页

序号	强度等级	成型日期	代表部位	送样日期	试验日期	见证人	试块种类			试块强度/MPa	龄期	报告编号	备注
							标养	同条件	拆模				

表 7-23 水泥砂浆试块试验台账

工程名称： 第 页共 页

序号	强度等级	成型日期	代表部位	送样日期	试验日期	见证人	试块种类			试块强度/MPa	龄期	报告编号	备注
							标养	同条件	抗渗				

表 7-24 监理单位发文登记台账

工程名称： 第 页共 页

编号	文件类型	文件事由内容	收文单位	收文人	日期	份数及备注

注：编制监理台账可以帮助熟悉监理资料管理工作方式，了解具体应该做哪些内容。实训时可以在上面表格中做练习，填写 1 条即可。也可以根据要求，按以上表格样式自己制作附页，将活页补充在本任务的后面。

任务7.15 编写监理安全档案分类和编号

根据下面工程实例编写监理安全档案分类和编号，将制作好的活页附在本任务后面。

7.15.1 工程概况

建设地点：××市××街道周红路161号。

工程规模：总用地面积为25139.44m^2，总建筑面积为31663.67m^2，其中地上计容建筑面积21178.64m^2，包含已建建筑面积11257.25m^2和本次拟建建筑面积9921.39m^2，地下已建建筑面积243.44m^2，地下拟建停车场建筑面积10241.59m^2，拟建架空层428.14m^2。具体以工程量清单及施工图纸为准。

招标范围：包括建筑、装修、安装、外立面及附属工程；其中安装部分含给排水系统、消防系统（含消火栓、喷淋、消电）、通风系统、热水系统、强电系统、智能预埋管线及空调系统，其中智能设备、升降柱、电梯不纳入本次招标范围；具体以工程量清单及施工图纸为准。

合同估算价：8808.8408 万元。

工期要求：730 日历天。

质量要求：合格。

安全及其他要求：绝不发生人员死亡事故，杜绝人员重伤事故；确保获得省双优（安全、文明施工）样板工地。

7.15.2 五方主体

建设单位：××××股份有限公司（筹）。
设计单位：××××设计院。
勘察单位：××××勘察设计院或×××公司。
监理单位：××××管理有限公司。
施工单位：××××建设集团有限公司。

任务7.16 编写安全管理台账汇总表

查阅资料、实地调研并编制监理安全管理台账样板。可参考表 7-25 ～表 7-28 的样式。每个表至少练习填写 1 ～ 2 行。

表 7-25 建设监理安全管理文件实训

B1	建设监理安全管理文件					
	文件名称	来源	形成责任人	形成时间	整理人	保管人	数量/份
1							

表 7-26 监理安全文件实训

B2	监理安全文件					
	文件名称	来源	形成责任人	形成时间	整理人	保管人	数量/份
1							

表 7-27 施工安全管理文件实训

B3	施工安全管理文件					
	文件名称	来源	形成责任人	形成时间	整理人	保管人	数量/份
1							

表 7-28　标化和创杯管理文件实训

B4	标化和创杯管理件						
	文件名称	来源	形成责任人	形成时间	整理人	保管人	数量/份
1							

注：将制作好的监理安全管理资料活页附在本任务后面。

任务7.17　编写申报标化工地申报资料

查阅资料、实地调研申报标化工地资料要求。然后根据表 7-29 中的实际工程资料，完成标化工地申报。填写时未注明信息请按正常情境自拟。

表 7-29　××区第一人民医院（区公共卫生医疗中心）建设工程项目概况

项目简介	项目名称：××区第一人民医院（区公共卫生医疗中心）建设工程 建设地点：本项目位于××区海滨片 YB-bn01-004a 地块。拟建场地位于为××大道东侧，福海路联建房南侧，滨海河东侧，永强路北侧，交通便利 建设规模：总用地面积约 37503.6m²，其中建设用地面积约 34455.32m²，公共绿化带 3048.28m²。建设内容包括：医院总床位 400 个，总计容建筑面积 67202.55m²，其中医院建筑面积 56471.2m²，妇计中心建筑面积 4600m²，疾控中心建筑面积 5228.54m²，报告厅、物业、消控等配套用房建筑面积 902.81m²。另建地下室面积 49830m²	
	建设内容：本工程由 6 幢楼组成。其中 1# 楼塔楼 9 层，高 38.3m，为病房楼，裙房 5 层，高 23.05m，为门诊医技楼，总建筑面积 38825.4m²；2# 楼 10 层，高 41.4m，为病房楼，建筑面积 17605.3m²；3# 楼 1 层，高 2.5m，为应急处理中心，建筑面积 539.6m²；4# 楼 5 层，高 23.1m，为妇计中心，建筑面积 4826.5m²；5# 楼 5 层，高 23.1m，为疾控中心，建筑面积 6187.8m²；6# 楼 1 层，高 4.5m，为污水站，建筑面积 244.9m²。1# 楼和 4# 楼二至五层之间设置简易钢连廊，连廊长 16.4m。工程满设 2 层地下室，面积 49830m²，主要为机动车停车库、设备用房等功能用房，局部兼作人防	
招标范围		本次总包工程施工内容：包括总平面布置、景观绿化、建筑、结构、给排水、电气等，具体以工程量清单及图纸为准。二次装修、空调系统、智能化系统、医疗专项系统、电梯、变配电不计入本次招标范围
项目管理目标	质量目标	确保工程一次性验收合格，确保"××杯"，争创"××杯"优质工程
	工期目标	计划总工期：1435 日历天（共经历 4 个春节假期，春节休假 80 日历天，计入总工期） 计划开工日期：20××年 6 月 20 日 计划竣工日期：20××年 5 月 24 日
	安全文明及绿色施工目标	确保"××省安全文明施工标准化工地"，确保"××省建筑业绿色施工示范工程"

标化工地申报资料如下。

浙江____建设有限公司

_____

创建_____省建筑安全、文明施工标准化工地

申 报 资 料

工程名称：_____

施工单位：_____

建设单位：_____

申报时间：20_____年_____月_____日

目 录
（上 册）

一、申请表
二、获得市级（省相关部门）标化工地文件
三、三阶段（基础、主体、结顶）检查评分表
四、参选工程日常检查情况记录
五、参选工地××××年7月份检查记录表
六、创建标化工地的评价情况
七、工程施工许可证复印件
八、申报单位的安全生产许可证和项目负责人安全考核证复印件
九、工程"参选牌"领取单审批表
十、工程办理建筑施工人员人身意外伤害保险证明
十一、工程各方主体签字的竣工验收表或政府监督部门工程竣工备案表
十二、民工学校相关资料

封面

浙江省建筑安全文明施工标准化工地申报表

工 程 名 称 _____
申 报 单 位 _____（盖章）
申 报 日 期 _____

浙江省建筑业管理局制

填表说明

① 本表由主承建单位填写。

② 企业名称应为全称并加盖公章,专业类别按资质标准分类填写;工程名称应写全称。

③ 三阶段评分应按工程所在地设区市建设行政主管部门(安全监督机构)或省级专业部门评定的结果填写。

④ 工程所在地设区市建设行政主管部门或省级专业部门应对该工程在文明施工、安全防护各个方面做出综合评价,列出主要优、缺点。

申报单位情况见表 7-30。

表 7-30 申报单位情况

主承建单位	企业名称	浙江××建设有限公司(公章)			
	专业类别		资质等级		电话	
	法定代表		项目经理		资质等级	
	地址				邮编	
	企业名称					
	专业类别		资质等级		电话	
	法定代表		项目经理		资质等级	
	地址				邮编	
参建单位	企业名称					
	专业类别		资质等级		电话	
	法定代表		项目经理		资质等级	
	地址				邮编	
	企业名称					
	专业类别		资质等级		电话	
	法定代表		项目经理		资质等级	
	地址				邮编	
监理	监理名称					
	资质等级				项目总监理工程师	
	地址				邮编	
业主	单位名称				电话	
	地址				邮编	

工程概况见表 7-31。

表 7-31 工程概况

工程名称				
工程地点				
建筑面积（m²）/规模		工程造价（万元）		
开工时间	年 月 日	竣工时间	年 月 日	
质量情况		竣工备案时间		
三阶段评分	基础：	主体结顶：	装饰：	
申报理由				

_____集团有限公司
20____年____月____日

设区市建设行政主管部门或省级专业部门综合评价：

公 章：　　　　　　　　　　　　　　　　　　　　　　　　　　　年　月　日

评委会评审意见：

　　　　　　　　　　　　　　　　　　　　　　　　　　　　　　　年　月　日

省建管业管理局意见：

公 章：　　　　　　　　　　　　　　　　　　　　　　　　　　　年　月　日

任务7.18 编写工地常用台账资料

查阅资料、实地调研编制工地常用台账资料。填写表 7-32 ～表 7-49 时请按正常情境自拟。

表 7-32 工地常用台账汇总

台账名称	台账内容 1	台账内容 2
施工组织设计	施工方案	施工控制措施
原材料的质量证明文件台账	合格证	证明书
混凝土试块台账	混凝土试块、压实度试验、主材复试报告、商混配合比、合格证等的试验报告	
施工资料台账		
图纸变更台账		

表 7-33 分包单位资格审批台账

序号	分包单位名称	分包工作内容	报审表编号	审报日期	审查人审批人	审批日期	备注

表 7-34 施工组织设计（方案）审批台账

序号	文件名称	编制单位	报审表编号	报审日期	审查人审批人	审批日期	备注

表 7-35 工程变更文件、洽商记录台账

序号	变更文号	变更部位	变更单位	变更日期	备注

表 7-36 工程进度计划审批台账

序号	工程进度计划类表	报审表编号	附件名称及编号	审批人	审批日期	备注

注：本台账包括工程开工报审表、工程进度计划报审表、延长工期报审表、工程复工报审表。

表 7-37 施工机具、仪器报验台账

序号	机具、仪器名称	规格型号	进场数量	报验日期	检定日期	核验人	核验日期	备注

表 7-38 工程定位及施工测量报验、复核台账

序号	报验内容	附件名称	报验单编号	检验人	检验日期	备注

表 7-39　材料（构配件）、设备进场验收台账

序号	材料（构配件）名称	设备名称	数量	单位	报验单	编号	附件	内容	报验日期	拟用部位	生产厂家	审核人	审核日期	备注

注："备注"栏内一般填写经见证的检测、复试报告情况，以及不合格材料（构配件）、设备的处理情况。

表 7-40　子分部/分项/检验批工序质量验收台账

编号	子分部/分项/检验批工程名称	工程部位	报验日期附件名称及编号	检查人	审批人	审批日期	备注

注：本台账还应包括隐蔽工程验收记录。

表 7-41　单位/子单位/分部/其他专业工程质量验收台账

序号报验单编号	单位（子单位）/分部及其他专业工程名称	工程部位	报验日期	附件名称及编号	检查人	审批人	审批日期	备注

注：本台账中的报验用表一般应使用"工序质量报验单位"。

表 7-42　混凝土浇筑审批台账

序号	报验单编号	砼浇筑部位	申请浇筑日期	审核人	审批人	审批日期	备注

表 7-43　工程质量问题（事故）处理台账

序号	报告单编号	问题发生部位	问题主要情况	施工单位发生日期	处理方案	审批人问题处理核验人	核验日期	备注

表 7-44　钢筋连接试验报告审验台账

序号	钢筋连接形式	钢筋规格	见证取样部位	试件数量	见证人取样日期	试验结果	试验报告编号	试验报告日期	备注

表 7-45　混凝土、砂浆试块试验报告审验台账

序号	试块名称	试块设计强度	试块取样部位	试块组数	试块制作日期	试块送检日期	见证人试块龄期	试块报告编号	试块报告强度	备注

表 7-46　其他工程试验、检测报告审验台账

序号	试验、检测项目	试验、检测部位	试验、检测数量	试验、检测日期	见证人报告编号	试验、检测结果	备注

表 7-47 会议纪要台账

序号	会议主题	纪要编号	召开时间	主持人	备注

表 7-48 监理通知（联系单、备忘录）台账

序号	类别	事由编号	行文日期	拟稿人	批准人	备注

注："备注"栏内填写"监理通知"反馈情况；"类别"栏内填写"监理通知"或"监理联系单"或"监理备忘录"。

表 7-49 从业人员资格审查台账

序号	姓名	身份证编号	进场时间	职称	证书编号	专业	监理资格	证书编号	发证时间	备注

任务7.19 编写分包单位资格审批台账

参观实际工程资料室，讨论资料室是否能保证资料安全，是否空间足够，是否具备防火、防盗、防雨、防潮、防虫等条件；调查当地是否有台风、暴雨。整理一份资料室设置要求的标准。

观察外形，模仿制作一份分包单位资格审批台账，要求至少形似（图 7-20）。

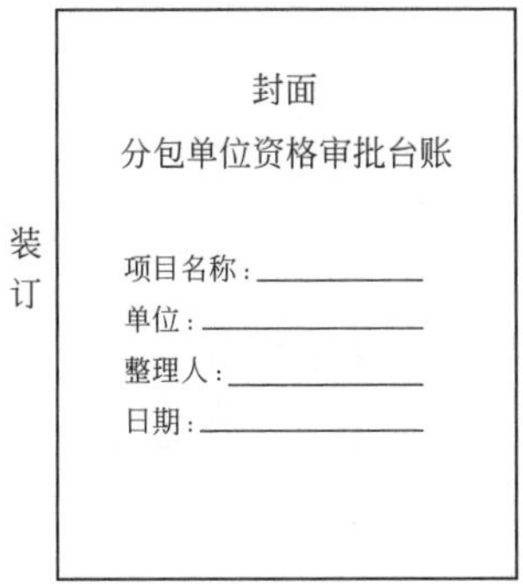

(a) 封面

装订

序号	分包单位名称	分包工作内容	报审表编号	审报日期	审查人审批人	审批日期	备注

(b) 内容

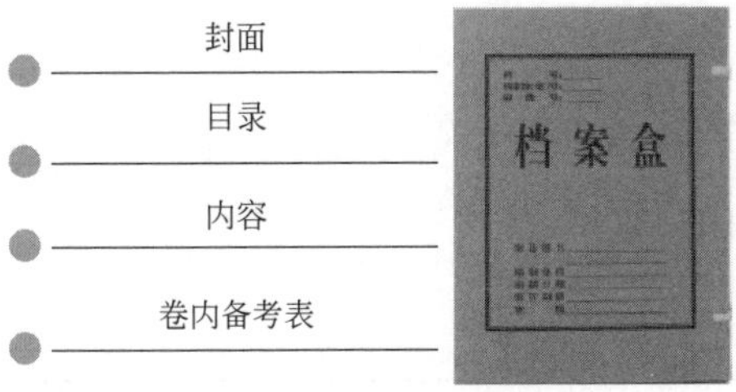

(c) 分类装盒

图 7-20 分包单位资格审批台账

任务7.20 填写工程技术文件报审表

任务要求1：请补全表7-50中的内容。

表7-50 工程技术文件报审表样式1

工程名称	×××	施工编号	×××
		监理编号	×××
		日期	×××

致_____×××_____（监理单位）

我方已编制完成了_____技术文件，并经相关技术负责人审查批准，请予以审定
附：技术文件____200____页____1____册

施工总承包单位：_____　　　　　　　　项目经理/负责人：_____
专业承包单位：_____　　　　　　　　　项目经理/负责人：_____

专业监理工程师审查意见：
经审核，该施工组织设计编制程序符合规定；施工进度、施工方案及工程质量保证措施符合施工合同要求；
资金、劳动力、材料、设备等资源供应计划满足工程施工需要；安全技术措施符合工程强制性标准；施工总平面布置合理。
同意按此施工组织设计组织本工程施工

　　　　　　　　　　　　　　　　　　　　　　　　　　专业监理工程师：_____
　　　　　　　　　　　　　　　　　　　　　　　　　　日　　　　　期：_____

总监理工程师审批意见：
审定结论：□同意　　　　□修改后再报　　　　□重新编制

　　　　　　　　　　　　　　　　　　　　　　　　　　监理单位：_____
　　　　　　　　　　　　　　　　　　　　　　　　　　总监理工程师：_____
　　　　　　　　　　　　　　　　　　　　　　　　　　日期：_____

任务要求2：工程技术文件报审表在细节上，可能会有不同的版本，对比观察表7-50和表7-51，说说哪张表表达更好一些，为什么？

表 7-51 工程技术文件报审表样式 2

表 B1　　　　　　　　　　　　　　　　　　　　编号：

工程名称		日期	年　月　日

现报上关于（　　　　　　　　）工程的技术管理文件，请予以审定。

	类别	编制人	册数	页数
□	施工组织设计			
□	施工方案			
□				
□				

施工单位名称：　　　　技术负责人：　　　　申报人：

总承包单位审核意见：

□ 有　□ 无　附页

总承包单位名称：　　　审核人：　　　审核日期：　　年　月　日

监理审定意见：

审定结论：　　□ 同意　　□ 修改后报　　□ 重新编制
监理单位名称：　　　监理工程师：　　　日期：　　年　月　日

答：＿＿＿＿＿＿＿＿
　　＿＿＿＿＿＿＿＿
　　＿＿＿＿＿＿＿＿
　　＿＿＿＿＿＿＿＿

本表由施工单位报填。经监理单位审批后，建设单位、监理单位、施工单位各存一份。

相关内容见表 7-52 ～表 7-59。

表 7-52 技术交底记录填写知识技能

文件名称	技术交底记录
保存数量	2 份
保存单位	建设单位、施工单位
签字	交底人、接受交底人、审核人等
表格来源	《建筑工程资料管理规程》（JGJ/T 185—2009）
规范的网址	
如何获得表格应填写的内容	技术交底会议、施工图。尤其注意施工图中的设计说明条文
基础知识与填写技能	需了解建筑施工各环节内容。交底针对性强；要有具体施工要求；技术交底内容要全面，格式应规范；接受交底人签字齐全。签字人员应包括所有施工人员
填写	技术交底应尽量具体，有数据的要写出具体值；交底需按规定格式填写 内容包括：施工范围；施工准备包含材料及要求、主要机具；施工方法、技术安全措施、作业条件、施工工艺、质量标准、成品保护、安全文明施工管理和应注意事项、应注意的质量问题、质量记录等 记录技术交底过程中提到的规范要求、质量标准、设计变更等

表 7-53 技术交底记录示例

工程名称	温州市 ×× 职业技术学院教学楼	编号	×××
交底部位	屋面找平层	交底日期	×××
交底内容	屋面水泥砂浆找平层施工	施工单位	×××

交底内容:
1. 材料及要求
(1) 所用材料的质量、技术必须符合设计要求和施工验收规范的规定
(2) 水泥砂浆
(3) 水泥: 不低于 32.5 号的普通硅酸盐水泥
2. 主要机具
(1) 机械: 砂浆搅拌机或混凝土搅拌机
(2) 工具: 运料手推车、铁锹、铁抹子、水平刮杠、水平尺、沥青锅、炒盘、压滚、烙铁
3. 作业条件
(1) 找平层施工前,屋面保温层应进行检查验收,并办理验收手续
(2) 各种穿过屋面的预埋管件、烟囱、女儿墙、暖沟墙、伸缩缝等根部,应按施工图及规范要求处理好
(3) 根据设计要求的标高、坡度,找好规矩并弹线(包括天沟、檐沟的坡度)
(4) 施工找平层时应将原表面清理干净,进行处理,有利于基层与找平层的结合,如浇水湿润、喷涂基层处理剂等
基层清理 - 管根封堵 - 标高坡度弹线 - 洒水湿润 - 施工找平层(水泥砂浆及沥青砂浆找平层) - 养护 - 验收
4. 质量标准
5. 成品保护
6. 应注意的质量问题等

签字栏	交底人	
	接受交底人	

表 7-54 图纸会审记录填写知识技能

文件名称	图纸会审记录
保存数量	5 份
保存单位	建设单位、监理单位、设计单位、施工单位、城建档案馆
签字	建设单位、监理单位、设计单位、施工单位
表格来源	《建筑工程资料管理规程》(JGJ/T 185—2009)
如何获得表格应填写的内容	各专业施工图、会审会议记录
基础知识与填写技能	(1) 熟悉拟建工程的功能 (2) 熟悉、审查工程平面尺寸 (3) 熟悉、审查工程立面尺寸 (4) 检查施工图中容易出错的地方有无出错 熟悉建筑工程尺寸后,再检查施工图中容易出错的地方有无错误,主要检查内容如下: ①检查女儿墙混凝土压顶的坡向是否朝内; ②检查砖墙下是否有梁; ③结构平面中的梁,在梁表中是否全标出了配筋情况; ④检查主梁的高度有无低于次梁高度的情况; ⑤梁、板、柱在跨度相同、相近时,有无配筋相差较大的地方,若有,需验算等 (5) 审查原施工图有无可改进的地方,主要从有利于该工程的施工、有利于保证建筑质量、有利于工程美观三个方面对原施工图提出改进意见
填写	根据图纸会审内容填写

表7-55　图纸会审记录示例

工程名称		温州市××职业技术学院教学楼	会审范围	建筑结构
主持人		××	日期	××
参加人员	建设单位	温州市××职业技术学院教学楼	设计单位	温州市××建筑研究设计院
	监理单位	温州市××监理有限公司	施工单位	温州市××建设工程有限公司
序号	图号	提出问题	会审意见	
1	结施01	B-5、B-6轴线板的标高不一致	应为-0.45m	
2	结施02	地下室底板拉钩按450mm×450mm间距布置有困难	非人防区间距按600mm×600mm	
3	建施01	公共楼梯及休息平台是细石混凝土面层还是防滑地砖面层	防滑地砖	
…	……	……	……	
签字栏		建设单位	监理单位	设计单位	施工单位
		××	××	××	××

表7-56　设计变更通知单填写知识技能

文件名称	设计变更通知单
保存数量	5份
保存单位	建设单位、监理单位、设计单位、施工单位、城建档案馆
签字	建设单位、监理单位、设计单位、施工单位
表格来源	《建筑工程资料管理规程》（JGJ/T 185—2009）
如何获得表格应填写的内容	各专业施工图
基础知识与填写技能	设计变更是指设计部门对原施工图纸和设计文件所表达的设计标准状态的改变及修改。在施工过程中，由于施工图纸本身差错或设计图纸与实际情况不符，施工条件变化，原材料的规格、品种、质量不符合设计要求等原因，需要对设计图纸部分内容进行修改而办理的变更设计文件。设计变更有可能是建设单位、设计单位、监理单位或施工单位中的任何一个单位或几个单位联合提出，由设计单位签发，经项目总监理工程师（建设单位负责人）审核后，转交施工单位
填写	根据变更要求填写

表7-57　设计变更通知单示例

工程名称		温州市××职业技术学院教学楼	编号	×××
			日期	×××
设计单位		温州市××建筑研究设计院	专业名称	结构工程
变更内容		基础结构	页数	×××
序号	图号	变更内容		
1	结施01	底层保护层改为50mm C15细石混凝土		
…	……	……		

续表

序号	图号	变更内容			
签字栏	建设单位	设计单位	监理单位	施工单位	

表7-58 工程洽商记录填写知识技能

文件名称	工程洽商记录（技术核定单）
保存数量	5份
保存单位	建设单位、监理单位、设计单位、施工单位、城建档案馆
签字	建设单位、监理单位、设计单位、施工单位
表格来源	《建筑工程资料管理规程》（JGJ/T 185—2009）
如何获得表格应填写的内容	各专业施工图
基础知识与填写技能	洽商是建筑工程施工过程中一种协调建设单位与施工单位、施工单位与设计单位的工作记录。用于对工程方面的技术核定，可由建设单位、监理单位和施工单位中任何方提出，由提出方填写，各参与方签字后存档。工程洽商记录应分专业办理，不同专业的洽商应分别办理，不得办理在同一份文件上 洽商记录的内容翔实，必要时应附图，并逐条注明应修改图纸的图号。工程洽商记录应由设计专业负责人以及建设、监理和施工单位的相关负责人签认。设计单位如委托建设（监理）单位办理签认，应办理委托手续
填写	如实记录

表7-59 工程洽商记录示例

工程名称	温州市××职业技术学院教学楼	编号	×××
		日期	×××
提出单位	温州市××建筑研究设计院	专业名称	×××
洽商摘要	地面做法变更	页数	×××
序号	图号	洽商内容	
1	结施01	根据勘察、设计验槽要求，本工程主楼地基北侧基槽在原设计标高7.350m基础上下挖600mm，宽度为2.2m，挖后回填级配砂石并人工夯实，相应工程量为：人工下挖土方85.8m³；人工倒运级配砂石85.8m³；人工回填实级配砂石85.8m³	
2	结施02	……	
签字栏	建设单位	设计单位	监理单位	施工单位
	×××	×××	×××	×××

任务7.21 管理建设准备阶段资料

本次综合实践是仿真项目"××学校"工程资料的编制,教师可以根据所选的工程,对各小组分别提出个性化要求,也可以将本任务书分解安排给各小组,实现分方向、分层次教学。

7.21.1 实训任务书

(1)实训任务。按照班级情况每4人一组。利用网络、图书、实际工程调查收集制作建设单位准备阶段资料资料。

(2)实训目标。完成A类资料内A1～A7资料(纸质版+电子版)。

(3)实训要求。每组首先需要先拟订A类文件中的单位名称、负责人姓名等公用信息,要求虚拟的单位、内容、姓名均符合常规情境,避免用类似"张三""某明星"等名字。以"姓名+建设单位"的形式,制作以下文件夹及内容。

例如:第一组建设单位准备阶段资料(文件夹)。

① 立项文件(A1类)——×××(子文件夹,以下同样)。

如陈××负责搜集、编辑整理A1图文,×××负责整理每个工作环节的报送材料。

② 建设用地文件(A2类)——×××、×××。

如陈××负责搜集、编辑整理A2图文,×××负责整理每个工作环节的报送材料。

③ 勘察、测绘、设计文件(A3类)——×××、×××。

如富××负责搜集、编辑整理A3图文,×××负责整理每个工作环节的组织联系收集材料。

④ 公共信息(A7类)——×××。

⑤ 编写准备阶段资料形成过程。写出编制报审单位、审批单位等工作流程。

(4)成果要求

① 按照办理顺序或目录顺序整理出办理的手续的图片及相关表格。

② 整理成册:建立文件夹,封面+目录+文件。

③ 成套资料的项目、单位等信息必须一致,若不一致则按照无效文件处理。

(5)成绩评价

① 优秀:资料成册,有目录,完整,图文并茂,一一对应。每个成员都积极搜集参考信息,实训态度好。成果存在问题极少。

② 良好:资料基本成册,有目录,图文大部分完整对应。每个成员都有规范表现。成果存在可以改进的少量问题。

③ 中:资料成册,有目录,文件基本完整,图文基本对应。每个成员都有规范表现。成果存在可以改进的少量问题。

④ 及格:基本完成任务,成果有一些问题。每个成员都有表现。成果存在较多遗漏、错误问题。

⑤ 不及格：不服从教师安排，不遵守课堂纪律，不配合同学组织，不完成任务。未提交成果，或成果问题较多，拒不执行修改要求。

7.21.2　实训指导书

① 自行登录某城市建设档案馆网站学习，了解"进馆范围、表格下载、验收与移交流程"等规定。

② 查阅《××市建设工程文件整理及档案移交规定》文件，整理移交目录：填写《建筑工程竣工档案移交书》；自我检查后，填报《××市建设工程竣工档案自检表》和《××省建设工程档案预验收申请表》。

③ 换角色：调查完成《建设工程档案审核意见书》及《城建档案移交接收证明》。

任务7.22　管理开工报审资料

任务要求：小组搜集整理某工程开工报审资料，可以模拟仿真，印章写明单位，编辑文件制作成册。以下数据仅供参考，请根据实际情况补充完善。

成果：开工报审资料。册子样式如图 7-21 所示，其中目录所示文件详见表 7-60～表 7-63 和图 7-22～图 7-25。

```
┌─────────────┐  ┌──────────────────────────┐  ┌─────────────┐
│             │  │         目录             │  │    内容     │
│ 开工报审资料│  │ 1.工程开工报审表         │  │编辑文件制作成册│
│             │  │ 2.开工报告               │  │             │
│             │  │ 3.施工许可证             │  │             │
│   (封面)    │  │ 4.施工组织设计(方案)报审表│  │             │
│             │  │ 5.××学校单位工程施工组织设计(方案)│  │     │
│             │  │ 6.工程定位测量记录       │  │             │
│             │  │ 7.施工现场质量管理检查记录及支撑资料│  │  │
└─────────────┘  └──────────────────────────┘  └─────────────┘
    (a) 封面              (b) 目录                (c) 内容要求
```

图 7-21　开工报审资料格式

```
┌─────────────┐
│             │
│ ××工程开工报告│
│   (封面)    │
│             │
│  编制单位   │
│  日期       │
└─────────────┘
```

图 7-22　开工报告封面

图 7-23　施工许证样式

表 7-60　开工报审表示例

工程名称：××学校　　　　　　　　编号：

致：<u>浙江××监理有限责任公司</u>（监理机构） 我方承担的　　<u>××学校</u>　　工程，已完成了以下各项工作，具备了开工条件，特此申请施工，请核查并签发开工指令。 1．施工许可证 2．施工组织设计已审查，现场管理人员已到位，专职管理人员和特种作业人员已取得资格证、上岗证 3．施工测量放线 4．施工现场质量管理检查记录已经检查认可 5．进场道路及水、电、通信等已满足开工要求 6．质量、安全、技术管理制度已建立、组织机构已落实 附件：1．开工报告； 　　　2．相关证明材料。  　　　　　　　　　　　　　　　　　　　　　　　　　　项目经理：王× 　　　　　　　　　　　　　　　　　　　　　　　　　　20××年5月10日
项目监理机构意见： 　　各项准备工作符合要求，同意开工。  　　　　　　　　　　　　　　　　　　　　　　　　　　总监理工程师：张× 　　　　　　　　　　　　　　　　　　　　　　　　　　20××年5月10日

注：本表由施工单位填报，经项目监理机构审查签认后，建设单位、监理单位、施工单位各存一份。

表 7-61 施工组织设计（方案）报审表示例

工程名称：××学校　　　　　　　编号：

致：浙江××监理有限责任公司（监理单位）
我方已根据施工合同的有关规定完成了 ××学校 工程施工组织设计（方案）的编制，并经我单位上级技术负责人审查批准，请予审查。 附：施工组织设计（方案）  　　　　　　　　　　　　　　　　　　　　　承包单位（章） 　　　　　　　　　　　　　　　　　　　　　项 目 经 理　王× 　　　　　　　　　　　　　　　　　　　　　日　　　期　20××.05.06
专业监理工程师审查意见： 　　施工组织设计合理，同意实施。   　　　　　　　　　　　　　　　　　　　　　专业监理工程师　李×× 　　　　　　　　　　　　　　　　　　　　　日　　　期　20××.05.15
总监理工程师审核意见： 　　同意。  　　　　　　　　　　　　　　　　　　　　　项目监理机构　　　　　　 　　　　　　　　　　　　　　　　　　　　　总监理工程　张× 　　　　　　　　　　　　　　　　　　　　　日　　　期　20××.05.15

××学校单位工程
施工组织设计
(方案)

编制人：××学校项目部

审核：王×

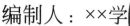

编制日期：20××年5月8日

图 7-24　施工组织设计（方案）示例

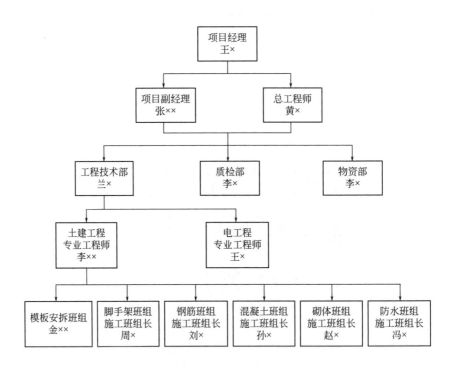

图 7-25 施工单位组织结构图示例

表 7-62 工程定位测量记录示例

工程名称：××学校　　　　　　　　　　　　　　　　　　　　　　　　　编号：

测量单位	××县地方建筑有限公司	委托单位	×××
图纸编号	总平面图	施测日期	20××年×月×日
平面坐标依据	纵距：A桩距光明路沿石18m。横距：距原建筑物10m	复测日期	20××年×月×日
高程依据	设计指定水准点 BM1±0.000	使用仪器	TDJ230824,50m卷尺
允许误差	××	仪器校验日期	20××年×月×日

定位抄测示意图：

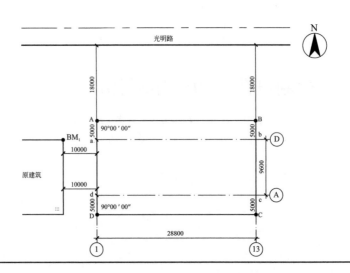

续表

桩号	距离/m	横距/m	纵距/m
A		10.000	18.000
B	28.800	38.800	18.000
C	19.600	38.800	27.600
D	28.800	10.000	27.600
A	19.600		

复测结果：   符合要求。

专业监理工程师：	测量技术负责人：	复测：	施测：
年 月 日	年 月 日	年 月 日	年 月 日

注：本表由测量单位填写，建设单位、监理单位、施工单位各保存一份。

表 7-63 施工现场质量管理检查记录示例

开工日期：×××

工程名称	××高教园区3号地块	施工许可证（开工证）	Ws-0263
建设单位	××开发建设投资集团有限公司	项目负责人	高×
设计单位	××建筑设计研究院	项目负责人	张×
监理单位	××监理有限公司	总监理工程师	张×
施工单位		项目经理	项目技术负责人

序号	项目	内容
1	项目部质量管理体系	有健全的质量管理体系
2	现场质量责任制	有健全的责任管理制度
3	主要专业工种操作上岗证书	齐全
4	分包单位管理制度	已经建立，责任明确
5	施图纸会审记录	通过审核
6	地质勘察资料	通过审核
7	施工技术标准	有，完整
8	施工组织设计、施工方案编制及审批	通过审核
9	物资采购管理制度	已建立完善的检验制度
10	施工设施和机械设备管理制度	已计量校核
11	计量设备配备	已计量校核
12	检测试验管理制度	完整、规范
13	工程质量检查验收制度	完整、规范

自检结果：合格。	检查结论：符合要求。
施工单位项目负责人：×× ×年×月×日	总监理工程师：×× ×年×月×日

注：1. 填写时请逐项检查，检查内容填写要尽量描述客观、符合实际情况、用词准确。
2. 施工现场质量管理检查记录的支撑材料：现场质量管理制度；质量责任制；主要专业工种操作上岗证书；分包方资质与对分包单位的管理制度；施工图审查情况；地质勘察资料；施工组织设计、施工方案及审批；施工技术标准；工程质量检验制度；搅拌站及计量装置；现场材料、设备存放与管理制度。

任务7.23 管理物资资料

7.23.1 任务书1

按照物资流向整理物资资料，装盒。

通过本实训熟悉工作脉络，理解钢筋管理是一个全过程管理。实训中请细心思考，规范整理，积极调研，理清钢筋施工的每一个工序上会产生哪些资料，需要办理什么手续。同时，物资资料涉及的单位多，方面比较广，关系复杂，需要做好小组分工，发挥集体的力量，要有团队合作精神。

物资管理是建设工程的重要组成部分，在施工活动中需要对各种建设物资的原材料、设备构配件等进行管理，包括采购、运输、入库、供应、领发、回收和成本管理等各项管理工作。物资管理实行全过程管理，使每一个环节都有记录，做到责任可追溯。对保证施工项目的顺利进行、降低成本、保障质量、提高经济效益起着重要的作用。选取钢筋工程按照工作流程整理钢筋工程物资资料。钢筋工程资料包括以下三部分：钢筋进场前资料；进场中资料；进场后使用时资料。选取钢筋工程，按照工作流程整理钢筋工程物资资料，钢筋进场前资料，进场中资料，进场后使用的资料。

7.23.2 指导书1

（1）按三个部分整理钢筋资料。

第一部分：钢筋进场前资料。根据流程搜集钢筋进场前的资料包括：采购合同、运输单、钢筋生产厂家证明文件、钢筋出场质量证明文件。整理对应文件，编辑成册。请调研后，补充。

第二部分：钢筋进场资料。请调研后，补充。

第三部分：钢筋使用时施工资料：①施工单位申请验筋表；②钢筋（原材料、加工）工程检验批质量验收记录；③钢筋（连接、安装）工程检验批质量验收记录；④钢筋分项工程质量验收记录；⑤钢筋接头规定及记录。请调研后，补充。

（2）分工检查成果资料是否存在下列常见问题：

① 未进行整理汇总，无汇总表；

② 混凝土合格证搜集不齐全；

③ 钢筋质量证明（如重量、批号）与复试报告上内容不符；

④ 钢筋复试内容有缺项（重量偏差、强屈比等）；

⑤ 钢筋复试结论不全面；

⑥ 钢筋进场取样复试不及时。

7.23.3 任务书 2

按照专项目录和通用目录整理一份某物资的资料，装盒。

目标：从下面专项目录中选择一个，编制一份资料，装盒。

专项目录：水泥试验报告、砖砌块试验报告、防水材料试验报告、钢材试验报告、钢材连接试验报告、混凝土抗压强度试验报告、砂浆抗压强度试验报告；是否有通用目录：除专项目录外的其他试验报告等质量证明文件。试验报告包括材料出厂合格证和试验报告汇总表。

7.23.4 指导书 2

分工检查成果资料是否存在下列常见问题：

① 文件排列按时间顺序编号，内容和施工组织设计的进度一致；
② 无缺项漏项；
③ 同一事项批复在前，请示在后，主体在前，附件在后；
④ 同一批次进场的同一规格物资顺序为合格证、质保书、厂家检测报告、厂家资质、复试报告。
⑤ 资料盒内文件不混装，盒的封面和卷脊的样式及内容准确、美观。
⑥ 盒内目录齐全，盒内内容标准明确，汇总表信息完整。

任务7.24　管理测量资料

7.24.1 任务书

整理项目测量资料，装盒。

目的：通过实训梳理一个或几个分部工程应该做哪些测量工作，形成哪些测量资料的工作达到深入熟悉工程测量资料管理内容。

××厂房，位于杭州市××区××镇。本工程场地土类型为中软土，以砂质粉土为持力层，承载力特征值为140kPa，建筑物场地类别为Ⅲ类，采用浅基础类型（独立条形基础）。基础混凝土垫层采用C15，基础采用C30，电梯井基坑采用C30P6，基础柱采用C30；基础墙体采用MU10烧结多孔砖，M10水泥砂浆砌筑，双面粉20mm厚1:3防水水泥砂浆，墙体在-0.060m处设20mm厚1:2水泥砂浆防潮层（内掺3%的Fecl3防水剂）；基础采用HPB300热轧钢筋、HRB335热轧钢筋，HRB400热轧钢筋。基底超挖部分用砂石（其中碎石、卵石占全重30%）分层回填，夯实至设计标高，压实系数要求≥0.97。基础混凝土养护完成后应迅速回填土（压实系数≥0.94）至室内外地坪标高。地基与基础工程施工流程：引测施工区域测量控制网→设置龙门板（控制桩）→场地平整→开挖灰线→土方开挖→运土→修坡清底→地基处理→打底夯→地基验槽→垫层浇筑→放线→基础钢筋安装→基础模板安装→基础混凝土浇筑→基础墙体砌筑→构造柱、圈梁钢筋安装→构造柱、圈梁模板安装→构造柱、圈梁浇筑→基础墙体抹灰→基础回填土。

7.24.2 指导书

相关内容如图 7-26～图 7-28 所示。

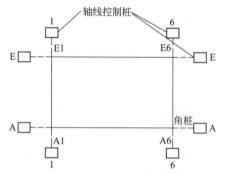

图 7-26 引测施工区域测量控制网（定位放线）

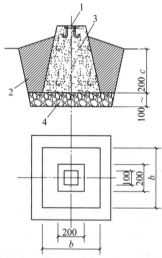

图 7-27 轴线控制网标桩（图中 b、c 按埋设深度确定）
1—金属标板；2—回填土；3—混凝土；4—块石混凝土

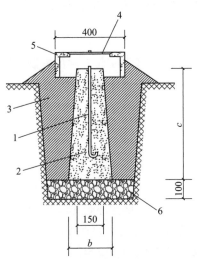

图 7-28 标高控制标桩（图中 b、c 按埋设深度确定）
1—钢筋；2—混凝土；3—回填土；4—保护盖；5—防护井圈；6—块石混凝土

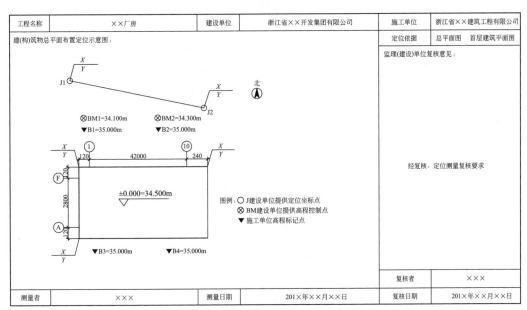

图 7-29 工程定位测量记录

请梳理出测量资料目录和测量记录表格。填写各项测量记录表。检查成果资料是否包含以下内容：①查看项目规划红线文件、定位桩的引测数据，保证引测依据准确；②测量资料附图中必须有指北针、图框；③附图中应该删掉不必要的轴线（避免轴线太多），只保留必要的关键轴线、边线；④沉降观测涉及结构安全，由有资质的测量单位提供资料沉降观测；⑤集水坑、电梯井、基坑边线要在图中注明位置及尺寸；⑥要注明绝对标高和相对标高等相关数据。

任务7.25 管理分部工程质量控制、验收资料

本次综合实践是仿真项目"××学校"工程资料的编制，请教师根据所选的工程，对各小组分别提出个性化要求。也可以将本任务书分解安排给各小组，实现分方向、分层次教学。

7.25.1 任务书

建筑工程质量控制和验收程序

（1）目的。建设工程施工阶段资料是工程施工过程中形成的工程资料，是工程质量验收的重要依据，是建设工程合法身份与质量合格的证明文件，是明确参与人员责任的原始依据。

通过本次综合性训练，应掌握施工资料的整理规律、规则；掌握施工资料的管理资料、质量控制资料、质量验收资料、安全和功能检验资料。

（2）内容与要求。本次综合实践是真实项目"××学校"工程资料的编制，要求将施工资料完整地编写出来，主要步骤为：

① 通过编制完整的资料目录，了解施工资料的全貌及分类规则；

② 通过按施工顺序，分阶段完成资料填写工作，完善资料的形成、填写等技能；

③ 通过施工管理资料的收集、调研、整理，补充完善资料归档与组卷内容。

例如：管理隐蔽工程资料。分别将地基与基础施工资料，主体结构工程施工资料，装饰装修工程、屋面工程、安装等按照各分部、分项、检验批单独汇总，编制汇总表。

（3）进程安排。进程安排见表7-64。

表7-64 进程安排

时间	地点	实训内容	实训要求
以课程安排为准	以课程安排为准	教师辅导+学生实践	按时考勤，遵守课堂纪律，遵守规定，优质完成任务
调研或统一安排	多媒体教室、资料实训室、计算机房、建设工程工地的资料室、会议室、城建档案馆、实习工地、在建工程项目部等	学生实践	
		学生实践	

（4）成果及要求

① 电子文档，上交文件夹"学号+姓名"。

② 资料完整，文档格式符合要求。

（5）考核办法。成绩 = 考勤 + 参与表现 + 成果 =10%+30%+60%。

① 阶段评价

a. 考勤：满勤得满分，无故缺勤每次扣2分，缺勤4节课以上本次实践成绩为0分。

b. 参与表现：资料制作的过程中能够独立查阅问题，解决技术难题为满分；基本完成任务内容，为合格；表现不积极，完成态度差等技能成绩为0分。

c. 成果：完整填写施工资料综合实践手册，独立编写指导书中施工资料。

② 最终评定。请教师、学生按照本书提示制定角色的考核方案。

7.25.2 指导书

步骤一：收集整理施工现场质量控制、验收资料。

步骤二：认真研究每一张表格要求填写的内容与填写要求。查找资料，熟悉表格中的内容，查找并自学表格中的项目。各分部分项检验批工程质量验收的一般规定请查阅相关施工质量验收规范验收标准、规范、规定并自学交流讨论。

（1）地基与基础分部工程质量控制、验收资料。相关内容见表 7-65。

表 7-65 "地基与基础分部工程质量控制、验收资料实训"知识点、技能点、成果验收汇总

××学校工程	知识点	技能点	成果验收
一、工程管理资料	工程管理资料	（1）熟悉表格样式 （2）掌握技术要求、规范要求 （3）掌握填写要点 （4）会归类管理	封面+目录 （1）工程开工报审表 （2）施工组织设计 （3）技术交底记录 （4）预检工程记录 （5）施工现场质量管理记录
二、地基与基础分部工程质量验收记录			按知识点目录，填写、整理、装订成册
（1）桩工程	（1）桩位测量定位记录（桩位放样、桩位复核） （2）钻孔灌注桩开孔申请表 （3）钻孔灌注桩成孔施工记录（终孔验收、二次清孔验收） （4）隐蔽工程（钢筋笼）检查验收记录 （5）混凝土灌注桩钢筋笼检验批验收记录 （6）钻孔灌注桩灌注前隐蔽工程验收记录 （7）混凝土工程浇捣施工申请（浇捣令） （8）钻孔灌注桩水下混凝土灌注记录 （9）钻孔灌注桩施工记录 （10）混凝土施工日记 （11）混凝土灌注桩检验批质量验收记录（桩基检测）	（1）熟悉表格样式 （2）掌握表格内项目的技术要求、规范要求 ① 定位示意图；指北针、高程、坐标、主要轴线 ② 桩位放样示意图 ③ 桩孔标高、孔深、二次清孔 ④ 钢筋笼检查内容 ⑤ 初灌量，充盈系数 ⑥ 灌注混凝土方量 （3）掌握填写要点 （4）会钻孔灌注桩报验申请管理	11张钻孔灌注桩报验资料（请调研当地规定完成资料并调整）
（2）土方工程	（1）工程定位放线记录 （2）基槽开挖测量记录 （3）地基钎探记录 （4）地基验槽记录 （5）土方开挖检验批质量验收记录 （6）土方开挖分项工程质量验收记录 （7）土方回填检验批质量验收记录 （8）土方回填分项工程质量验收记录	（1）理解工程定位示意图 （2）基槽开挖测量的意义 （3）理解地基钎探的作用 （4）会填写地基验槽记录 （5）《建筑地基基础工程施工质量验收标准》 （6）标高、尺寸、平整度 （7）分层压实系数 （8）回填厚度、含水量	土方工程施工资料

续表

××学校工程	知识点	技能点	成果验收
(3)模板工程	(1)模板安装检验批质量验收记录 (2)模板拆除检验批质量验收记录 (3)模板分项工程质量验收记录	(1)《混凝土结构工程施工质量验收规范》 (2)模板起拱、模板安装偏差 (3)混凝土拆模强度要求	模板工程施工资料
(4)钢筋工程	(1)钢筋(原材料、加工)工程检验批质量验收记录 (2)钢筋(连接、安装)工程检验批质量验收记录 (3)钢筋分项工程质量验收记录	(1)钢筋弯钩 (2)钢筋接头规定 (3)钢筋安装主控项目	钢筋工程施工资料
(5)混凝土工程	(1)混凝土原材料及配合比设计检验批质量验收记录 (2)混凝土(施工)工程检验批质量验收记录 (3)混凝土分项工程质量验收记录	结构混凝土强度等级及试件的取样和留置	混凝土工程施工资料
(6)现浇结构工程	(1)现浇结构(外观及尺寸偏差)工程检验质量验收记录 (2)现浇结构尺寸偏差与外观分项工程质量验收记录	现浇结构尺寸偏差项目	现浇结构施工资料
(7)地下砌体工程	(1)砖砌体工程检验批质量验收记录 (2)砖砌体分项工程质量验收记录	砌体强度等级	砌体施工资料
(8)地下防水工程	(1)涂料防水层工程检验批质量验收记录 (2)涂料防水层分项工程质量验收记录	防水细部	防水施工资料
	请查阅参考资料,并参照当地建设主管部门文件补全完善		

注:对于《建筑地基基础工程施工质量验收标准》(GB 50202—2018),请使用现行版。地基基础工程验收时应提交下列资料:岩土工程勘察报告、地基验槽记录;设计文件、图纸会审记录和技术交底资料;工程测量、定位放线记录;施工组织设计及专项施工方案;施工记录及施工单位自查评定报告;监测资料(监测单位如基坑监测报告);隐蔽工程验收资料;检测报告(静载试验、高、低应变等);竣工图。

(2)主体结构工程质量控制、验收资料。相关内容见表7-66。

表7-66 "主体结构工程质量控制、验收资料实训"知识点、技能点、成果验收汇总

××学校工程	知识点	技能点	成果验收
一、测量控制资料	(1)楼层放线测量及复测记录 (2)楼层标高抄测记录	(1)测量记录方式 (2)放线图绘制	测量资料
二、主体结构工程质量控制、验收资料			按知识点目录,填写、整理、装订成册
(1)模板工程	(1)技术准备 (2)模板材料准备 (3)梁、板、柱、墙模板	(1)《混凝土结构工程施工质量验收规范》 (2)模板材料配件进厂检验资料 (3)模板技术交底	模板工程施工资料

续表

××学校工程	知识点	技能点	成果验收
（2）钢筋工程	（1）施工单位申请验筋表 （2）钢筋（原材料、加工）工程检验批质量验收记录 （3）钢筋（连接、安装）工程检验批质量验收记录 （4）钢筋分项工程质量验收记录	（1）施工单位申请验筋表 （2）钢筋接头规定	钢筋工程施工资料
（3）混凝土工程	（1）混凝土原材料相关资料：坍落度、配合比 （2）混凝土施工记录 （3）混凝土检验批 （4）混凝土分项	混凝土见证取样	混凝土工程施工资料
（4）现浇结构工程	（1）现浇结构（外观及尺寸偏差）工程检验质量验收记录 （2）现浇结构尺寸偏差与外观分项工程质量验收记录	现浇结构尺寸偏差项目	现浇结构施工资料
（5）砌体工程	（1）砖砌体工程检验批质量验收记录 （2）砖砌体分项工程质量验收记录	砌体强度等级	砌体施工资料

（3）实训资料指导。任务：选定工程，熟读施工图纸，按照参考目录补充完成该工程的施工资料（表7-67）。

表7-67 实训资料指导

分部工程（土建）		资料	质量验收资料
一、地基与基础工程			
	1	引测施工区域测量控制网（定位放线）	工程定位测量记录 施工控制测量成果报验表
	2	土方开挖	土方开挖检验批质量验收记录 土方开挖报验报审表
	3	地基处理	砂石回填隐蔽工程检查验收记录 砂和砂石检验批质量验收记录 砂和砂石地基报审、报验表
	4	地基验槽	地基验槽记录
	5	垫层浇筑	混凝土施工记录 混凝土拌和物检验批质量验收记录 混凝土拌和物报审报验表 混凝土施工检验批质量验收记录 混凝土施工报审报验表
	6	基础钢筋安装	工程材料、构配件或设备报审表（焊条） 产品质量证明书（焊条） 工程材料、构配件或设备报审表（钢筋） 产品认证证书（钢筋） 产品质量证明书（钢筋） 钢材性能检测报告 钢筋材料检验批质量验收记录

续表

分部工程（土建）	资料	质量验收资料
6	基础钢筋安装	钢筋材料报审报验表 钢筋加工检验批质量验收记录 钢筋加工报审报验表 钢筋连接检验批质量验收记录 钢筋连接报审报验表 钢筋隐蔽工程检查验收记录 钢筋安装检验批质量验收记录 钢筋安装报审报验表
7	基础模板安装	技术复核记录 模板安装检验批质量验收记录 模板安装报审报验表
8	基础混凝土浇筑	工程材料、构配件或设备报审表（混凝土） 预拌混凝土出厂合格证 混凝土试件抗压强度检测报告 混凝土拌和物检验批质量验收记录 混凝土拌和物报审报验表 混凝土施工检验批质量验收记录 混凝土施工报审报验表 标准养护混凝土试块强度评定表
9	基础墙体砌筑	工程材料、构配件或设备报审表（砂浆） 砂浆出厂检验报告、检测报告 工程材料、构配件或设备报审表（多孔砖） 砖的产品合格证 砖砌体检验批质量验收记录 砖砌体报审报验表
10	构造柱、圈梁钢筋安装	请模仿6基础钢筋安装，列出资料名称
11	构造柱、圈梁模板安装	请模仿7基础模板安装，列出资料名称
12	构造柱、圈梁浇筑	请模仿8基础混凝土安装，列出资料名称
13	基础墙体抹灰	工程材料、构配件或设备报审表（抹灰砂浆） 一般抹灰检验批质量验收记录 一般抹灰报审报验表
14	基础回填土	土工压实密度检测报告 土方回填检验批质量验收记录 土方回填报审报验表
15	分项工程验收	土方开挖分项工程质量验收记录 土方开挖分项报审报验表 砂和砂石地基分项工程质量验收记录 砂和砂石地基分项报审报验表 钢筋混凝土扩展基础分项工程质量验收记录 钢筋混凝土扩展基础分项报审报验表 土方回填分项工程质量验收记录 土方回填分项报审报验表
16	分部工程验收	地基与基础分部工程质量验收记录 地基与基础分部工程报验表

续表

分部工程（土建）		资料	质量验收资料
二、主体结构工程			
	1	一层柱钢筋安装	
	2	一层柱模板安装	
	3	一层柱混凝土浇筑	
	4	一层墙体砌筑	
	5	一层构造柱、圈梁钢筋安装	
	6	构造柱、圈梁模板安装	
	7	构造柱、圈梁浇筑	
	8	分项工程验收	
	9	分部工程验收	
三、装饰装修工程 《住宅室内装饰装修设计规范》《建筑装饰装修工程质量验收规范》《装修职业技能标准》《装修工程施工规范》《住宅室内装饰装修工程质量验收规范》请使用现行版			
	1	地面	
	2	顶棚工程	
	3	墙体	
	4	分项工程验收	
	5	分部工程验收	
四、屋面工程 请填写规范、标准等依据（ ）			
	1	泡沫混凝土保温层	
	2	砂浆找平层工程	
	3	双面自粘型防水卷材	
	4	细石混凝土保护层	
	5	分项工程验收	
	6	分部工程验收	

屋面工程资料填写一套案例

任务7.26 综合管理施工资料档案

本实训任务整理文件数量、页数由指导教师划定，要求提交以下成果。

① 整理出办理的手续及相关表格。

② 整理出封面 + 目录。

③ 根据目录，以图片、文件等形式表现出内容。资料需要分类成册管理，每册页数在 200 页以内；每册封面设计简洁大方。将制作成果以活页形式附在本任务后面。

实训任务指导书如下。

① 登录×× 市城建档案馆网站了解建筑工程文件进馆范围、表格下载、验收与移交流程。

② 查阅《 ×× 市建设工程文件整理及档案移交规定》文件，整理移交目录：填写《建筑工程竣工档案移交书》；自我检查后，填报《 ×× 市建设工程竣工档案自检表》；《 ×× 省建设工程档案预验收申请表》。

③ 组员角色互换：调查完成《建设工程档案审核意见书》及《城建档案移交接收证明》。

④ 登录当地审批部门网站，查找审批时对资料的要求。

⑤ 按照现行《建设工程文件归档规范》(GB/T 50328—2019) 整理文件。规范主要内容有：归档文件范围及其质量要求；立卷流程、原则和方法、卷内文件排列、案卷编目、案卷装订与装具、案卷目录编制、工程文件归档、工程档案验收与移交。规范附录有：建筑工程文件归档范围；市政工程文件归档范围；卷内目录式样；卷内备考表式样；案卷封面式样；案卷脊背式样；案卷目录式样。

相关内容见图 7-30 和表 7-68 ～表 7-76。

档　　号 ______________

档案馆代号 ______________

案卷题名 ××市××区××学校1#教学楼工程

工程准备阶段文件

编制单位 ××职业技术学院

编制日期 20××.01.10~06.30

密　　级 ______________ 保管期限 永久

共 1 卷　　第 1 卷

图 7-30 施工资料档案盒封面

表 7-68 施工资料档案卷内目录格式 (一)

序号	文件编号	责任者	文件题名	日期	页次	备注
			工程准备阶段文件			
			建设工程档案验收申请表、温州市建设工程竣工档案自检表、工程图纸变更记录汇总表、用章汇总表			
1			项目建议书审批意见及前期工作通知书、项目建议书			

续表

序号	文件编号	责任者	文件题名	日期	页次	备注
2			可行性研究报告审批意见、可行性研究报告及附件			
3			关于立项有关的会议纪要、领导讲话			
4			专家建议文件、调查资料及项目评估研究材料			
5			选址申请及选址规划意见通知书			
6			用地申请报告及县级以上人民政府城乡建设用地批准书			
7			拆迁安置意见、协议、方案等			
8			建设用地规划许可证及其附件、附图			
9			国有土地使用权出让合同（或国有土地划拨决定书）			
10			国有土地使用证（复印件盖甲方章）			
11			工程地质勘察报告			
12			水文地质勘察报告、自然条件、地震调查			
13			土地勘测定界成果资料			
14			建筑工程放线、验线资料			
15			申报的规划设计条件和规划设计条件通知书			
16			设计方案批复及初步设计的批复			
17			有关行政主管部门（人防、环保、消防、交通、园林、市政、文物、通信、保密、河湖、教育、白蚁防治、卫生、地名办等）批准文件或取得的有关协议			
18			施工图设计文件审查合格书及审查报告			
19			施工图设计变更文件审查合格书及附件			
20			勘察合同			
21			设计合同			
22			施工中标通知书、施工承包合同			
23			监理委托合同			
24			建设项目列入年度计划的批复文件或年度计划项目表及申报文件			
25			建设工程规划许可证及其附件、附图			
26			建设工程施工许可证			
27			工程质量监督手续			
28			工程项目建设管理机构（项目经理部）及负责人名单			
29			工程项目监理管理机构（项目监理部）及负责人名单			
30			工程项目施工管理机构（施工项目经理部）及负责人名单			

表 7-69 施工资料档案卷内目录格式(二)

案卷号

顺序号	文件名称	文件编号	页数	页号		备注
				起	止	
1						
2						

表 7-70 ××市建设工程竣工档案自检

报送单位(盖章): 　　　　　　　　　　　　　　　　　　　　　填报日期:　年　月　日

建设单位			施工单位	
监理单位			工程名称	
单位自检情况	1	工程文件的归档范围符合要求(详见移交清单)		
	2	工程文件为原件		
	3	工程文件的内容和深度符合国家有关技术规范、标准和规程		
	4	工程文件的内容真实、准确,与工程实际相符合		
	5	工程文件采用耐久性强的书写材料		
	6	工程文件字迹清楚,图样清晰,图表整洁,签字盖章手续完备		
	7	工程文件中文字材料幅面尺寸为 A4 幅面,图纸为国家标准图幅		
	8	工程竣工图是新蓝图,计算机出图清晰		
	9	所有竣工图均加盖竣工章		
	10	利用施工图改绘的竣工图,修改符合国家规定		
	11	档案整理符合国家标准		
	12	备注说明		

该工程竣工档案文件经我单位自行验收,认为基本齐全、真实,符合有关规定,报请建设单位进行工程竣工档案专项验收

建设单位签字:　　　　　　　　施工单位签字:　　　　　　　　监理单位签字:
(盖章):　　　　　　　　　　　(盖章):　　　　　　　　　　　(盖章):

表 7-71 工程图纸变更记录汇总

序号	变更内容	变更时间	备注
1	-0.1m 板原图遗漏	2022.7.5	
2			
3			
4			
5			
6			
7			

表 7-72　××省建设工程档案预验收申请

项目名称					
工程地点	区　　路　　号		开工日期		年　月　日
建设单位名称			计划竣工日期		年　月　日
规划许可证号			施工许可证号		
建筑工程（面积）	m²		单位工程数		个
市政工程（规模）			单位工程数		个
建设单位联系人			联系电话		
建设单位地址		区　　　　　路　　　　号			
结果反馈方式	（　）上门自取		（　）快递送达		
工程档案收集整理基本情况	本次提交预验收的工程档案共计＿＿＿卷 其中：文字材料＿＿卷；图纸＿＿卷；文件材料＿＿卷； 　　　照　片＿＿卷＿＿张；光盘＿＿卷＿＿盒； 　　　其他材料＿＿卷 　　附：案卷目录＿＿份，共＿＿页				
	说明事项				

建设单位意见：

　　该工程档案已按有关标准、规范收集齐全，整理完毕，基本符合《建设工程文件归档规范》的预验收要求。本单位报送的档案与申报材料填写内容相符，并对档案资料的完整性、真实性、准确性负责

　　　　　　　　　　　　　　　　　　　　　　　　　　建设单位（盖章）　年　月　日

注：项目名称按规划许可证项目名称填写；建设单位名称填写全称；建筑工程面积按规划许可面积填写；市政工程填写道路、桥梁、隧道等的长（宽）度。

表 7-73　××省建设工程档案案卷目录

序号	案卷题名	编制单位	编制日期	数量					密级	备注
				文字材料/页	图纸/页	声像/盒	电子文件	其他		
1										
2										
3										

共＿＿页　第＿＿页

注：关于案卷目录和卷内目录的区别，请参考《科学技术档案案卷构成的一般要求》（GB/T 11822—2008）。案卷指由互相联系的若干文件组合而成的档案保管单位。卷内文件目录指登录卷内文件名和其他特征并固定文件排列次序的表格，排列在卷内文件之前，简称卷内目录。有多个案卷时卷内目录需要先注明案卷号，说明是哪一个案卷号的卷内目录。

表 7-74　××省建设工程档案卷内备考

本案卷共有文件材料　　页，其中： 文字材料＿＿＿页，图样材料＿＿＿页， 照片＿＿＿张 说明：   　　　　　　　　　　　　　　　　　　　　立卷人： 　　　　　　　　　　　　　　　　　　　　　　年　月　日 　　　　　　　　　　　　　　　　　　　　审核人： 　　　　　　　　　　　　　　　　　　　　　　年　月　日

注：卷内备考表放在档案盒子内最底层，用于对卷内文件状况的记录，排列在卷内文件最后面。用于注明卷内文件与立卷状况。其内容包括：本卷情况说明、立卷人、检查人、立卷时间四个部分。

整理前面文件并放入档案盒，交给指导教师，按照《建设工程文件归档规范》审查，学生将审查出来的问题整理成笔记，填写表 7-75（或另外附表贴于此处）。

表 7-75　"档案资料整理实训"的卷内资料整理质量检查反馈

例如	（1）编号顺序排列是否按时间顺序；是否和施工组织设计的进度一致 （2）是否有缺项漏项；是否标注缺项漏项原因；资料是否及时跟进完善 （3）同一事项批复在前，请示在后；主体在前，附件在后 （4）同一批次进场的同一规格物资顺序为合格证、质保书、厂家检测报告、厂家资质、复试报告 （5）资料盒内文件是否混装；盒的封面和卷脊的样式及内容是否准确、美观 （6）盒内目录是否齐全，是否明显标出盒内内容 （7）盒内物资资料管理是否按照专项目录和通用目录整理。专项目录包括：水泥试验报告、砖砌块试验报告、防水材料试验报告、钢材试验报告、钢材连接试验报告、混凝土抗压强度试验报告、砂浆抗压强度试验报告；是否有通用目录：除专项目录外的其他试验报告等质量证明文件。试验报告包括材料出厂合格证盒试验报告汇总表 （8）隐蔽工程是否按照分部工程整理并汇总，即是否按基础、主体、装修、屋面分部工程整理分类汇总 （9）检验批资料是否按照分项工程整理并汇总 （10）所有资料是否思路清晰便于查找
	错误原因　　　　　　　　　　　　　　　　　解决办法
1	
2	

注：请另外附表制作活页赋予本任务后面。

参观城建档案馆，调研当地建设工程的档案管理方式，提出自己的看法或创新思路，填写表 7-76。

表 7-76　关于"档案资料管理工作"的意见、建议反馈

项目	目前的管理方式	利弊分析或创新
1		
2		
3		

某工程申报奖杯工程资料案例

任务7.27　综合管理监理资料

7.27.1　任务书

（1）目的。熟悉监理流程，将监理单位资料进行分类管理，建立资料目录体系；全面了解工程资料的分类、组成、填写规则。

（2）内容与要求。根据给定工程图纸，独立完成施工阶段监理资料表格的整理工作。

内容包括：施工阶段监理工作的基本表式 A、B、C 类表；某日的监理日记一份（不得雷同）。

（3）进程安排。"施工阶段监理资料实训"安排见表 7-77。

表 7-77　"施工阶段监理资料实训"安排

地点	时间	实训内容	实训要求
见课表	第 1 节	布置、讲解任务	遵守课堂纪律
	第 2～9 节	参观，执行任务 + 技能考察	遵守机房规定 独立完成任务
	第 10 节	上交成果 + 汇报 + 综合考察	合理修改

（4）成果及要求。

上交文件夹"学号后三位 + 姓名"。

① 档案盒：封面、目录、文件、卷内备考表。
② 电子文档：建设单位工程准备阶段文件。
③ 某日的监理日记（或施工日记）一份。
④ 监理资料验收或移交的流程对话设计（或表演情景设计），电子剧本（文稿）一份，字数不限，要求流程全面，符合实际操作。

（5）考核办法。最终成绩=考勤（10%）+课堂态度+纪律（20%）+技能考查（20%）+实训成果（50%）。

7.27.2 指导书

（1）参考现行《建设工程监理规范》（GB/T 50319—2013）。
（2）参考本书项目3中的内容。
（3）施工阶段监理工作的基本表式（表7-78）。

表7-78 施工阶段监理工作的基本表式

A类表（承包单位用表）		B类表（监理单位用表）		C类表（各方通用表）	
A1	工程开工/复工报审表	B1	监理工程师通知单	C1	监理工作联系单
A2	施工组织设计（方案）报审表	B2	工程暂停令	C2	工程变更单
A3	分包单位资格报审表	B3	工程款支付证书		
A4	报验申请表	B4	工程临时延期审批表		
A5	工程款支付申请表	B5	工程最终延期审批表		
A6	监理工程师通知回复单	B6	费用索赔审批表		
A7	工程临时延期申请表				
A8	费用索赔申请表				
A9	工程材料/构配件/设备报审表				
A10	工程竣工报验单				

（4）表7-78中的内容可根据图纸和常见工程问题虚拟及假设填写，只要内容合理，格式正确即可。

任务7.28 建设单位信息数字化管理

要求：以建设单位身份进入单位管理工作台，读取"王×测试项目1"信息，填入表7-79。
评分：表7-79中每个空格1分，共10分。
（1）在计算机中登录单位管理工作台。
（2）输入：测试建设单位，密码为admin123，登录。

（3）左侧栏：首页。

工作区：项目工程，项目性质，工程分包类型，项目进度，项目所属地，建设项目负责人，施工单位，开工日期，工期，监管内容。

表 7-79　学生操作所列内容的评分

序号	项目工程	项目性质	工程分包类型	项目进度	项目所属地	建设项目负责人	施工单位	开工日期	工期	监管内容
1										

表 7-79 中空格：每错一处扣 2 分。

任务7.29　施工单位信息数字化管理

要求 1：在智慧工地平台完成"单位注册"
要求 2：登录后点击左侧"工程管理"—"工程列表"。
实施指导如下：
第一步：工作区选择＜项目工程＞—＜工程详情＞。
☺ 工程管理 / 工程列表
第二步：工作区选择＜项目工程＞—＜人员配置＞。
☺ 工程管理 / 工程列表
第三步：工作区选择＜项目工程＞—＜进度查看＞。
☺ 工程管理 / 进度查看 / 王 × 测试项目 1/ 进度列表
工作区选择工程管理 / 进度查看 / 王 × 测试项目 1/ 工程款项列表。
☺ 工程管理 / 进度查看 / 王 × 测试项目 1/ 工程款项列表
工作区选择工程管理 / 进度查看 / 王 × 测试项目 1/ 砂浆计划用量列表。
☺ 工程管理 / 进度查看 / 王 × 测试项目 1/ 工程款项列表
笔记：_____

要求 3：登录施工生产平台。
第一步：退出"单位管理工作台"登录状态。
第二步：在计算机的浏览器中搜索"智建之家"，选择"智建之家 SaaS 平台 - 业务系统"。点击"桩基管理施工生产平台"，完成个人登录。个人登录的账号是单位负责人（项目经理或总监理工程师）电话号码。密码是电话号码后六位数字（表 7-80）。

表 7-80　学生操作所列内容的评分

工程名称	归属地区	建设单位	建设单位项目负责人	联系电话	施工单位	项目经理	联系电话	监理单位	监理单位项目负责人	联系电话

要求4：点击左侧"工程管理"。

在理解的基础上，按以下步骤，完成信息填写工作。

第一步：填写分部工程概况信息和分部工程五方主体信息。

笔记：＿＿＿＿＿＿＿＿＿＿＿＿＿＿＿＿＿＿＿＿＿＿＿＿＿＿＿＿＿＿＿＿＿＿＿＿＿＿

提交

☺桩基工程/工程管理

第二步：点击左侧"工程管理"—"工程人员"。工作区选择＜现场人员＞—＜新增＞—新增施工人员。填写：账号、姓名、身份证号码。填写表7-81。

表7-81　工程管理人员信息参考

现场人员	账号	姓名	身份证号码
工地党建专员	18×××111000	党建员一	33××××197601010000
安全员	18×××111001	安全员一	33××××197701010000
取样员	18×××111002	取样员一	33××××197702010000
质检员	18×××111003	质检员一	33××××197703010000
项目联系人	18×××111004	项目联系人一	33××××197704010000
桩机员	18×××111005	桩机员一	33××××197705010000
资料负责人	18×××111006	资料负责人一	33××××197706010000
施工技术负责人	18×××111007	施工技术负责人一	33××××197707010000
施工员	18×××111008	施工员一	33××××197708010000
材料员	18×××111009	材料员一	33××××197709010000

☺桩基工程/人员管理/工程人员/现场人员

第三步：点击左侧"工程角色"。

在工作区新增以下人员：工地党建专员、安全员、取样员、质检员、项目联系人、桩机员、资料负责人、施工技术负责人、施工员、材料员。填写：账号、姓名、身份证号。

笔记：＿＿＿＿＿＿＿＿＿＿＿＿＿＿＿＿＿＿＿＿＿＿＿＿＿＿＿＿＿＿＿＿＿＿＿＿＿＿

☺桩基工程/人员管理/工程角色

第四步：点击左侧"工程桩基管理"。显示工作区内没有内容属于正常现象。

第五步：打开手机微信小程序"智慧质监"，用第三步骤的工程角色，例如施工员账号：手机号码，密码后六位登录。

笔记：＿＿＿＿＿＿＿＿＿＿＿＿＿＿＿＿＿＿＿＿＿＿＿＿＿＿＿＿＿＿＿＿＿＿＿＿＿＿

第六步：打开手机微信小程序"智慧质监"-桩基管理。

笔记：＿＿＿＿＿＿＿＿＿＿＿＿＿＿＿＿＿＿＿＿＿＿＿＿＿＿＿＿＿＿＿＿＿＿＿＿＿＿

☺手机微信小程序"智慧质监"/桩基管理

第七步：回到计算机端，点击左侧"工程桩基管理"，刷新显示。

提示：此时工作区显示桩机信息。

任务7.30 讨论桩标号、桩编号、桩号的关系

桩标号是桩编号前面的前缀。如桩标号 DD，对应的桩编号则是 DD-1，DD-2，DD-3…在 DD 桩标号下可以有很多根桩。

相关内容如图 7-31 和图 7-32 所示。

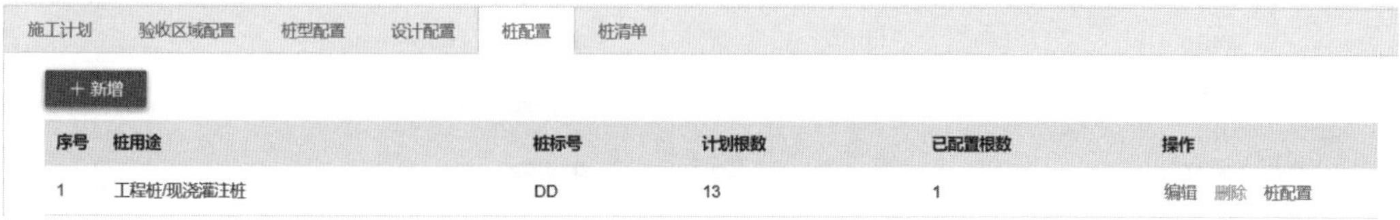

图 7-31 新增桩标号的界面

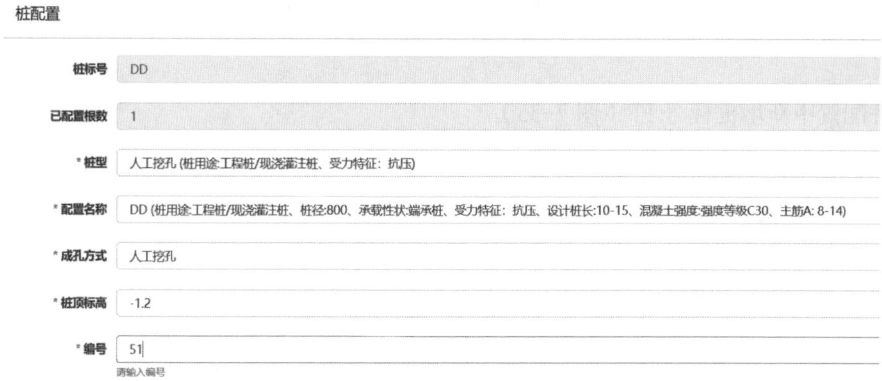

图 7-32 桩标号与配置名称的关系

配置名称，根据之前的设计配置，点击选择相对应的内容即可。

配置名称编号，将成为“桩号”，每个桩号有对应的坐标值，如图 7-33 所示。

	A	B	C
1	桩号	x	y
2	DD-51	488110.591	3099300.899

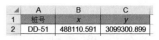

图 7-33 桩号与配置名称的关系

任务7.31 填写桩标号、桩编号、桩号的信息

观察下面步骤，是否可以看出桩标号、配置名称、编号、桩号的关系是怎样的?

① 完成设计配置，配置名称 EE, 提交审核（图 7-34）。

图 7-34 桩号与配置名称的关系

② 桩配置中新增桩标号 FF（图 7-35）。

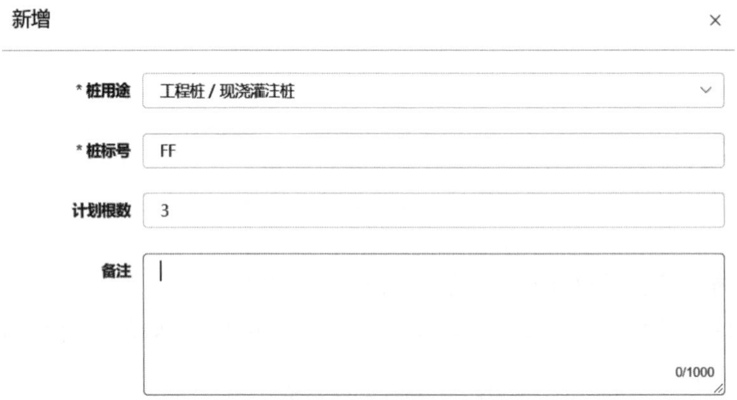

图 7-35 桩标号 FF 的界面

图 7-36 桩配置示意（一）

点击图 7-37 右边操作中的"装配置"。

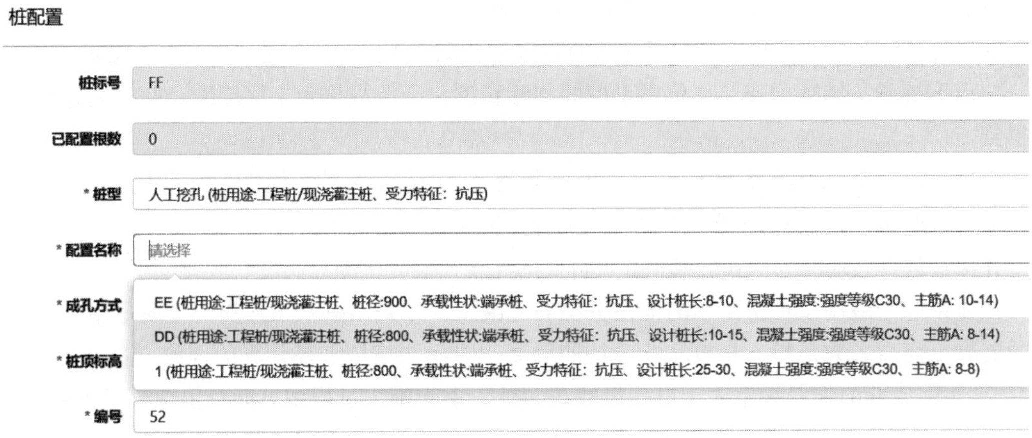

桩配置
桩标号 FF
已配置根数 0
* 桩型 人工挖孔 (桩用途:工程桩/现浇灌注桩、受力特征：抗压)
* 配置名称 请选择
* 成孔方式
EE (桩用途:工程桩/现浇灌注桩、桩径:900、承载性状:端承桩、受力特征：抗压、设计桩长:8-10、混凝土强度:强度等级C30、主筋A: 10-14)
DD (桩用途:工程桩/现浇灌注桩、桩径:800、承载性状:端承桩、受力特征：抗压、设计桩长:10-15、混凝土强度:强度等级C30、主筋A: 8-14)
* 桩顶标高
1 (桩用途:工程桩/现浇灌注桩、桩径:800、承载性状:端承桩、受力特征：抗压、设计桩长:25-30、混凝土强度:强度等级C30、主筋A: 8-8)
* 编号 52

图 7-37 桩配置示意（二）

在桩清单中导入桩号坐标（图 7-38）。

	A	B	C
1	桩号	x	y
2	EE-52	488200.591	3099360.899

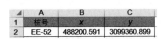

图 7-38 桩标号 EE 的坐标示意

配置名称、桩标号、桩编号、桩号的关系，主要有以下几点。

① 桩编号没有前缀。当以“前缀 + 桩编号”命名时，称“桩号”。这里的“前缀”称为“桩标号”。即“桩标号 + 桩编号”称为“桩号”。

②“桩标号 - 桩编号”就是“桩号”，如图 7-39 所示。

③ 配置名称在“设计配置”页签下确定，同时包含了设计配筋等信息。

④ 每一个桩标号只对应一个配置名称。

⑤ 一个配置名称可以对应不同的桩标号。

⑥ 一个桩标号下可以有不同编号的桩，即若干数量的桩，如图 7-39 所示。

配置名称EE
桩标号A
桩标号B
桩标号B
桩编号1
桩编号2
桩编号3
桩号A-1
桩号A-2
桩号A-3

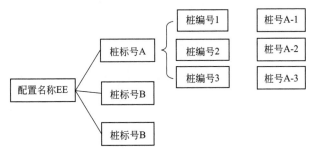

图 7-39 配置名称、桩标号、桩编号、桩号的关系示意

设计桩长：一般设计人员给一个范围值，因为场区各土层不会很均匀，尤其是持力层的埋深不会是一样的，设计时一般对桩端进入持力层的深度有明确要求。

钻孔和挖孔桩要看持力层土层的土样或岩样决定，打入和压入桩要以入土深度油压或者入土深度、贯入度双控制。

有效桩长：使用时，桩身在土层和岩层里的总长度。

施工桩长：有的要计算超灌部分，有的直接用孔深或入土深度代替施工桩长和委托方结算。

测点下桩长：传感器安装部位以下桩的实际长度。一般根据入土深度结合开挖处理深度计算得到。

以上参数，设计人员习惯以 ±0.000 做参考基准，而以下参数，施工人员习惯以自然地面作为参考。一般而言，±0.000 要比自然地面高几十厘米到几米不等。

孔深：从自然地面到挖孔桩或钻孔桩桩底的深度，混凝土的总高度一般要低于孔深。

充盈系数一般用于桩基工程的灌注桩浇灌混凝土，是判断桩基工程的一个质量指标。灌注桩的混凝土充盈系数是指一根桩实际灌注的混凝土方量与按桩外径计算的理论方量之比（$V_{实}/V_{理论}$）。实际成孔的偏差经常大于设计尺寸。另外，由于施工过程中可能会出现桩身侧壁裂缝、孔洞及塌孔等原因，导致实际灌入量大于理论计算量。混凝土灌注桩充盈系数理论上不得小于 1。

一般的黏土层用钻孔成孔时，混凝土充盈系数为 1.1～1.15；用冲孔成孔时混凝土的充盈系数为 1.2～1.25，如果是砂土层或者抛石层较厚的地质，混凝土的充盈系数钻孔时采用 1.2～1.25，冲孔时采用 1.3～1.35，含砂层越厚，混凝土充盈系数越大。

钻孔灌注桩的充盈系数不宜小于 1.1，理想的是在 1.15 左右，但是砂土或者粉砂地层的充盈系数一般比较大，都在 1.2 左右，如果钻孔桩充盈系数小于 1.0，那么可以判定为废桩。

在实际施工过程中，成孔出现的偏差大于设计尺寸，以及由于施工过程中可能会出现桩身侧壁裂缝、孔洞及塌孔等原因，导致实际灌入量大于理论计算量。

资料管理职业素养测试题

综合素质评价表

参 考 文 献

[1] 中华人民共和国住房和城乡建设部.建设工程文件归档规范（GB/T 50328—2014）（2019版）[S].北京：中国建筑工业出版社，2020.
[2] 中华人民共和国住房和城乡建设部.建筑工程资料管理规程（JGJ/T 185—2009）[S].北京：中国建筑工业出版社，2010.
[3] 中华人民共和国住房和城乡建设部.建筑工程施工质量验收统一标准（GB 50300—2013）[S].北京：中国建筑工业出版社，2014.
[4] 中华人民共和国住房和城乡建设部.建设工程监理规范（GB/T 50319—2013）[S].北京：中国建筑工业出版社，2013.
[5] 中华人民共和国住房和城乡建设部.建筑施工安全检查标准（JGJ 59—2011）[S].北京：中国建筑工业出版社，2012.
[6] 中华人民共和国住房和城乡建设部.建筑与市政工程施工现场专业人员职业标准（JGJ/T 250—2011）[S].北京：中国建筑工业出版社，2011.
[7] 建筑与市政工程施工现场专业人员职业标准培训教材编审委员会，中国建设教育协会.资料员岗位知识与专业技能[M].2版.北京：中国建筑工业出版社，2017.
[8] 邸小坛.建筑工程施工质量验收统一标准填写范例与指南（上、下册）[M].北京：中国建材工业出版社，2020.
[9] 全国二级建造师执业资格考试用书编写委员会.建设工程管理与实务[M].北京：中国建筑工业出版社，2022.
[10] 全国二级建造师执业资格考试用书编写委员会.建设工程法规及相关知识[M].北京：中国建筑工业出版社，2022.
[11] 张毅.工程项目建设指南[M].北京：中国建筑工业出版社，2019.
[12] 郑淳峻.建筑工程施工现场管理人员实操系列——资料员实操技能全图解[M].北京：化学工业出版社，2020.
[13] 中华人民共和国住房和城乡建设部.建设电子文件与电子档案管理规范（CJJ/T 117—2017）[S].北京：中国建筑工业出版社，2017.